BESTACTIVITYBOOKS.COM

PRIMEIRA EDIÇÃO - 2022

Ilustración gráfica adicional: www.freepik.com
Graças a Alekksall, Starline, Pch.vector, Rawpixel.com, Vectorpocket, Dgim-studio, Upklyak, Macrovector, Stockgiu, Pikisuperstar & Freepik.com Designers

5 DICAS PARA COMEÇAR

1) CÓMO RESOLVER LAS SOPA DE LETRAS

Os puzzles têm um formato clássico:

- As palavras estão escondidas sem espaços ou hífenes,...
- Orientação: As palavras podem ser escritas para a frente, para trás, para cima, para baixo ou na diagonal (podem ser invertidas).
- As palavras podem sobrepor-se ou intersectar-se.

2) APRENDIZAGEM ACTIVA

Ao lado de cada palavra há um espaço para anotar a tradução. Para encorajar a aprendizagem activa, um **DICIONÁRIO** no final desta edição permitir-lhe-á verificar e expandir os seus conhecimentos. Procure e anote as traduções, encontre-as no puzzle e adicione-as ao seu vocabulário!

3) MARCAR AS PALAVRAS

Pode inventar o seu próprio sistema de marcação - talvez já use um? Pode também, por exemplo, marcar palavras difíceis de encontrar com uma cruz, palavras favoritas com uma estrela, palavras novas com um triângulo, palavras raras com um diamante, e assim por diante.

4) ESTRUTURANDO A APRENDIZAGEM

Esta edição oferece um **CADERNO DE NOTAS** prático no final do livro. Nas férias, em viagem ou em casa, pode facilmente organizar os seus novos conhecimentos sem a necessidade de um segundo caderno!

5) JÁ TERMINOU TODAS AS GRELHAS?

Nas últimas páginas deste livro, na secção **DESAFIO FINAL**, encontrará um jogo gratuito!

Rápido e fácil! Consulte a nossa colecção de livros de actividades para o seu próximo momento de diversão e **aprendizagem**, a apenas um clique de distância!

Encontre o seu próximo desafio em:

BestActivityBooks.com/MeuProximoLivro

Aos vossos lugares, preparem-se...Vão!

Sabia que existem cerca de 7.000 línguas diferentes no mundo? As palavras são preciosas.

Adoramos línguas e temos trabalhado arduamente para criar livros da mais alta qualidade para si. Os nossos ingredientes?

Uma selecção de tópicos adequados à aprendizagem, três boas porções de entretenimento, e depois acrescentamos uma colherada de palavras difíceis e uma pitada de palavras raras. Servimo-los com amor e máximo divertimento, para que possa resolver os melhores jogos de palavras e se divirta a aprender!

A sua opinião é essencial. Pode participar activamente no sucesso deste livro, deixando-nos um comentário. Gostaríamos de saber o que mais lhe agradou nesta edição.

Aqui está um link rápido para a sua página de encomendas:

BestBooksActivity.com/Avaliacoes50

Obrigado pela vossa ajuda e divirtam-se!

A Equipa Inteira

1 - Dirigindo

P	Z	D	K	I	U	C	B	P	M	Đ	N	T	G	S
G	J	L	O	T	O	E	U	L	O	Z	G	S	H	O
A	P	E	A	R	Z	S	L	I	T	E	M	O	R	P
R	O	N	Š	U	V	T	I	N	O	C	U	N	O	Z
A	L	U	Y	A	T	A	C	C	C	K	P	R	T	G
Ž	I	T	T	C	K	O	A	F	I	B	S	U	O	Đ
A	C	I	S	N	W	V	M	C	K	F	G	G	M	T
Ć	I	K	O	E	J	I	K	O	L	W	Z	I	E	A
E	J	W	N	C	V	R	Đ	O	B	B	N	S	Z	N
R	A	W	S	I	H	O	R	U	Č	I	W	Đ	T	S
S	F	I	A	L	S	G	B	T	Y	N	L	P	Y	S
E	Đ	O	P	R	E	Z	O	V	E	J	I	R	P	Đ
N	V	I	O	M	S	N	K	A	R	T	A	C	I	S
F	K	F	V	C	P	W	S	P	T	F	V	Đ	E	U
B	H	M	S	D	V	P	K	B	V	L	G	M	L	K

NESREĆA
AUTOMOBIL
GORIVO
OPREZ
CESTA
KOČNICE
GARAŽA
PLIN
LICENCA
KARTA
MOTOCIKL
MOTOR
PJEŠAK
OPASNOST
POLICIJA
ULICA
SIGURNOST
PRIJEVOZ
PROMET
TUNEL

2 - Antiguidades

P	S	T	S	O	N	D	E	J	I	R	V	F	W	Y
B	J	S	I	Z	P	H	L	P	S	C	A	A	U	A
U	K	O	A	J	I	R	E	L	A	G	R	T	J	R
D	J	N	J	U	C	L	G	Z	E	L	N	Y	S	I
H	W	T	I	A	T	S	A	J	I	Z	U	T	N	E
O	R	E	C	E	O	R	N	C	I	J	E	N	A	V
N	S	J	K	N	A	A	T	E	T	I	L	A	V	K
V	Đ	M	U	A	V	O	A	C	H	R	H	I	O	Z
W	G	U	A	N	I	I	N	W	S	T	I	L	N	U
S	T	O	L	J	E	Ć	E	Č	Z	D	V	V	B	K
K	O	V	A	N	I	C	E	C	I	N	J	W	O	R
D	E	S	E	T	L	J	E	Ć	A	B	U	P	E	A
U	L	A	G	A	N	J	E	B	D	O	O	O	I	S
N	A	M	J	E	Š	T	A	J	R	R	L	E	Y	N
S	K	U	L	P	T	U	R	A	L	L	D	Z	N	O

UMJETNOST
UKRASNO
DESETLJEĆA
ELEGANTAN
ENTUZIJASTA
SKULPTURA
STIL
GALERIJA
NEOBIČNO
ULAGANJE
AUKCIJA
NAMJEŠTAJ
KOVANICE
CIJENA
KVALITETA
OBNOVA
STOLJEĆE
VRIJEDNOST
STAR

3 - Churrascos

S	C	G	H	U	E	G	U	U	B	I	R	I	P	D
A	O	G	L	H	O	O	L	M	M	F	M	E	A	J
L	N	W	D	A	L	G	J	S	A	Y	P	L	P	E
A	N	U	R	Đ	Z	G	P	S	Đ	K	I	C	A	C
T	R	U	Č	A	K	B	N	O	Ž	E	V	I	R	A
E	C	I	Č	J	A	R	A	L	J	E	T	O	G	J
P	I	L	E	T	I	N	A	L	N	V	E	F	T	U
R	S	Đ	H	T	P	D	W	O	B	I	T	E	L	J
O	O	A	V	G	H	R	W	P	E	Z	B	Ć	N	V
Š	L	M	E	Ć	U	R	V	M	A	O	N	R	D	N
T	B	P	Č	I	Z	I	F	O	U	P	S	V	Z	N
I	M	E	E	K	B	J	G	H	I	J	Đ	O	Y	L
L	Đ	W	R	V	O	Ć	E	R	Z	M	T	P	N	R
J	C	I	A	F	Đ	I	F	S	E	Z	N	W	N	U
C	E	F	Z	A	Y	E	D	F	E	N	B	M	D	D

RUČAK
POZIV
DJECA
NOŽEVI
OBITELJ
GLAD
PILETINA
VOĆE
ROŠTILJ
VEČERA

IGRE
POVRĆE
UMAK
GLAZBA
PAPAR
VRUĆE
SOL
SALATE
RAJČICE
LJETO

4 - Pesca

Č	E	L	J	U	S	T	K	Z	T	Z	R	T	N	R
S	T	R	P	L	J	E	N	J	E	E	I	T	C	Đ
S	E	Z	O	N	A	B	M	R	U	D	Š	G	L	W
N	J	A	G	I	E	Y	T	U	J	M	K	P	I	I
P	E	R	A	J	E	J	Y	J	R	R	R	S	D	J
U	H	U	H	E	E	W	B	B	K	E	G	G	H	O
T	K	K	O	Š	A	R	A	C	I	Ž	E	T	O	G
N	M	U	Z	R	I	J	E	K	A	D	Z	J	Z	J
P	C	J	H	Č	A	M	A	C	A	M	A	M	M	E
T	E	J	N	A	V	I	R	E	J	T	E	R	P	Z
O	E	V	O	D	T	P	S	U	D	N	C	M	Y	E
E	I	Ž	O	O	W	I	L	S	Đ	B	S	V	Đ	R
M	I	H	I	V	K	S	Z	A	M	E	R	P	O	O
T	K	S	K	N	A	E	C	O	Ž	I	G	J	V	O
C	N	S	K	L	A	C	O	Đ	D	A	K	U	K	A

VODA
PERAJE
ČAMAC
ŠKRGE
KOŠARA
KUHATI
OPREMA
PRETJERIVANJE
ŽICA
KUKA
MAMAC
JEZERO
ČELJUST
OCEAN
STRPLJENJE
TEŽINA
PLAŽA
RIJEKA
SEZONA

5 - Geologia

F	U	S	Z	F	Y	E	C	J	W	C	I	O	P	L
Y	O	T	T	K	R	C	R	A	V	K	W	R	L	A
E	D	S	E	R	T	O	P	O	O	H	C	Đ	A	V
S	A	N	I	L	E	S	I	K	Z	U	J	M	T	A
I	O	E	T	L	O	S	N	A	B	I	P	V	O	N
S	C	M	I	K	R	W	V	G	B	I	J	E	J	R
T	U	A	M	A	R	S	Y	B	W	V	O	A	K	E
A	K	K	G	M	M	I	V	M	Y	J	L	H	O	V
L	A	R	A	N	P	T	S	H	L	W	S	N	N	A
A	L	R	L	F	Đ	N	A	T	A	O	C	T	T	K
K	C	T	A	M	R	I	I	L	A	R	E	N	I	M
T	I	O	T	V	U	L	K	A	N	L	J	E	N	U
I	J	V	S	K	O	R	A	L	J	A	I	K	E	Đ
T	Z	O	N	A	F	P	A	N	P	L	B	W	N	O
J	M	W	E	B	L	L	K	M	W	V	K	J	T	K

KISELINA
SLOJ
KAVERNA
KALCIJ
KONTINENT
KORALJA
KRISTALI
EROZIJA
STALAKTIT
STALAGMITI

FOSIL
LAVA
MINERALI
KAMEN
PLATO
KVARC
SOL
POTRES
VULKAN
ZONA

6 - Tempo

K	G	M	Y	L	M	P	T	C	P	H	Y	J	B	S
U	D	O	O	M	H	S	H	S	R	I	Đ	E	U	T
J	R	P	D	U	Y	A	S	J	O	N	K	O	D	O
U	R	P	P	I	E	D	N	W	Š	G	I	U	U	L
Y	K	L	P	A	Š	A	Đ	Z	L	E	B	M	Ć	J
M	J	E	S	E	C	N	A	D	O	E	C	E	N	E
Đ	U	L	W	L	U	T	J	P	S	T	D	Ć	O	Ć
M	I	N	U	T	A	J	D	I	T	Z	N	E	S	E
S	P	Z	D	M	S	E	N	D	O	P	O	J	T	C
A	C	R	L	Đ	F	D	Y	I	E	R	Ć	L	H	A
N	N	U	I	K	K	A	T	U	N	E	R	T	L	S
A	W	I	F	J	F	N	Z	W	B	G	E	E	U	A
D	R	A	D	N	E	L	A	K	B	D	Č	S	I	T
J	U	T	R	O	O	K	I	S	S	H	U	E	F	D
G	C	G	W	J	G	H	C	U	O	V	J	D	T	L

SADA
GODINA
PRIJE
GODIŠNJI
KALENDAR
DESETLJEĆE
DAN
BUDUĆNOST
DANAS
JUTRO
PODNE
MJESEC
MINUTA
TRENUTAK
NOĆ
JUČER
PROŠLOST
SAT
TJEDAN
STOLJEĆE

7 - Astronomia

G	R	A	V	I	T	A	C	I	J	A	R	Z	G	N
A	R	M	J	E	S	E	C	V	M	O	P	V	F	G
Z	S	A	C	I	L	G	A	M	A	J	L	M	E	Z
W	L	T	K	F	H	V	N	J	C	P	K	O	D	A
Z	E	A	E	E	H	M	E	P	I	B	B	H	H	S
A	L	Y	P	R	T	T	B	L	N	W	J	O	S	T
P	S	K	F	A	O	A	O	Đ	R	T	F	D	U	R
O	O	T	U	H	T	I	P	L	A	N	E	T	A	O
M	M	S	R	F	C	T	D	U	D	A	J	I	S	N
R	Z	V	V	O	P	A	C	H	Z	G	N	Đ	U	O
Č	O	E	H	V	N	W	R	O	E	T	E	M	N	M
I	K	M	N	G	O	A	O	A	J	T	Č	U	Č	N
N	W	I	Z	L	W	T	U	F	V	G	A	U	A	F
A	F	R	T	F	Đ	G	T	T	Z	J	R	Z	N	T
E	K	V	I	N	O	C	I	J	A	O	Z	R	O	N

ASTEROID
ASTRONAUT
ASTRONOM
NEBO
KOZMOS
POMRČINA
EKVINOCIJA
RAKETA
GRAVITACIJA
MJESEC
METEOR
MAGLICA
ZVJEZDARNICA
PLANETA
ZRAČENJE
SUNČANO
ZEMLJA
SVEMIR

8 - Acampamento

Š	K	Ž	I	V	O	T	I	N	J	E	C	M	N	W
V	E	A	G	A	V	A	N	T	U	R	A	M	U	Š
L	K	Š	R	N	N	N	M	F	A	Z	G	K	B	E
K	A	K	I	T	Z	I	Đ	A	V	I	S	E	Ć	A
U	N	A	T	R	A	F	N	R	O	T	A	Š	G	Ć
K	U	B	W	H	D	D	S	A	L	J	P	A	H	E
A	U	I	J	P	O	G	S	C	L	P	M	T	N	V
C	Y	N	B	Y	R	V	K	N	I	P	O	L	F	R
E	P	A	W	V	I	A	G	B	Z	B	K	E	V	D
S	F	O	I	J	R	T	B	M	I	V	R	B	O	D
E	I	S	V	E	P	R	U	V	P	E	W	E	I	G
J	R	H	O	Z	W	A	Ž	W	E	C	V	O	Z	C
M	T	I	I	E	I	Y	E	F	D	R	U	D	D	Đ
Đ	L	K	U	R	O	P	R	E	M	A	A	N	A	U
K	P	L	S	O	J	Đ	L	P	G	M	N	S	B	H

ŽIVOTINJE
AVANTURA
DRVEĆA
KOMPAS
KABINA
LOV
KANU
ŠEŠIR
UŽE
OPREMA
ŠUMA
VATRA
KUKAC
JEZERO
MJESEC
VISEĆA
KARTA
PLANINA
PRIRODA
ŠATOR

9 - Ficção Científica

V	N	H	E	N	E	J	L	Š	I	M	A	Z	Z	Z
H	A	V	P	A	U	K	R	O	B	O	T	I	M	H
E	Z	T	K	V	A	T	S	O	N	J	A	R	K	P
O	B	G	R	D	J	A	D	P	A	L	L	L	M	L
N	Z	O	N	A	I	N	M	M	L	A	Z	B	L	A
A	N	L	E	W	P	D	P	G	G	O	R	T	G	N
Č	D	F	Đ	M	O	N	L	A	E	R	Z	O	V	E
I	Đ	L	O	H	T	W	I	V	E	R	I	I	U	T
T	A	J	A	N	S	T	V	E	N	I	B	K	J	A
S	J	E	T	Š	I	Č	O	R	O	R	P	N	Y	A
A	I	J	J	Y	D	K	E	L	A	Y	T	J	F	M
T	Z	A	T	O	M	S	K	I	S	P	W	I	I	J
N	U	G	A	L	A	K	S	I	J	A	Z	G	K	B
A	L	S	V	I	J	E	T	M	Đ	K	I	E	T	V
F	I	T	E	H	N	O	L	O	G	I	J	A	Z	D

ATOMSKI
KINO
DISTOPIJA
EKSPLOZIJA
KRAJNOST
FANTASTIČAN
VATRA
GALAKSIJA
ILUZIJA

ZAMIŠLJEN
KNJIGE
TAJANSTVENI
SVIJET
PROROČIŠTE
PLANETA
REALNO
ROBOTI
TEHNOLOGIJA

10 - Mitologia

T	C	V	A	S	Č	A	R	O	B	N	I	L	U	S
S	Y	G	W	O	T	V	A	A	D	C	U	E	G	N
O	M	J	R	M	H	V	W	F	Đ	S	Đ	G	P	A
N	K	R	L	P	N	Đ	A	O	Y	O	H	E	S	G
T	F	N	T	L	S	S	J	R	R	H	Z	N	T	A
R	U	Z	B	N	K	I	N	T	A	R	Đ	D	V	N
M	U	N	J	A	I	S	I	S	G	N	E	A	O	I
S	Z	S	F	B	T	K	K	A	N	U	J	A	R	V
E	I	F	W	F	Y	U	A	T	W	V	N	E	E	A
B	L	R	A	S	Đ	V	N	A	Y	D	A	O	N	J
N	M	A	R	U	T	L	U	K	V	Y	Š	S	J	L
E	T	V	V	U	Y	K	J	J	C	T	A	V	E	M
L	A	B	I	R	I	N	T	E	P	C	N	E	O	R
F	Y	L	J	U	B	O	M	O	R	A	O	T	O	G
Đ	M	B	E	A	R	H	E	T	I	P	P	A	D	V

ARHETIP
LJUBOMORA
PONAŠANJE
STVARANJE
STVORENJE
KULTURA
KATASTROFA
SNAGA
RATNIK
JUNAKINJA
JUNAK
BESMRTNOST
LABIRINT
LEGENDA
ČAROBNI
SMRTNIK
MUNJA
GRMLJAVINA
OSVETA

11 - Medições

N	Đ	Đ	M	M	J	S	V	O	L	U	M	E	N	U
J	J	R	M	A	R	G	T	J	I	N	P	N	O	E
P	W	C	A	S	F	A	T	U	N	I	M	V	B	A
J	Y	Y	R	A	W	C	U	B	P	T	N	J	O	D
C	N	P	G	R	O	N	G	Z	A	A	O	V	J	H
C	E	B	O	T	D	U	Ž	I	N	A	N	N	B	U
B	U	H	L	I	U	I	O	Đ	I	N	P	J	A	D
C	R	M	I	L	J	C	D	W	S	I	V	A	N	C
L	E	A	K	Đ	N	Z	N	D	I	R	N	M	I	F
E	W	J	I	N	R	A	F	J	V	I	D	M	Ž	A
B	A	J	T	N	U	E	L	E	C	Š	U	O	E	O
M	U	Đ	D	E	Č	D	W	S	E	C	B	L	T	A
K	I	L	O	M	E	T	A	R	Đ	L	I	D	A	W
P	E	Đ	O	R	A	T	E	M	I	T	N	E	C	J
D	D	E	C	I	M	A	L	A	N	R	A	T	E	M

VISINA
BAJT
CENTIMETAR
DUŽINA
DECIMALA
GRAM
STUPANJ
ŠIRINA
LITRA
MASA
METAR
MINUTA
UNCA
TEŽINA
INČ
DUBINA
KILOGRAM
KILOMETAR
TONA
VOLUMEN

12 - Álgebra

B	Z	E	D	F	W	K	A	R	O	T	K	A	F	E
V	E	T	K	Y	I	M	A	J	I	C	K	A	R	F
G	A	S	U	W	L	T	M	E	G	O	T	M	P	L
J	J	R	K	W	P	Đ	U	Š	A	D	S	R	D	I
E	L	Y	I	O	P	Y	S	E	L	A	Ž	N	O	N
D	Y	N	P	J	N	G	A	N	B	N	U	L	A	E
N	P	V	H	S	A	A	I	J	R	L	N	I	P	A
A	G	R	R	J	H	B	Č	E	O	K	M	P	T	R
D	Z	N	O	Z	L	I	L	N	J	A	C	H	G	N
Ž	A	M	L	B	P	N	H	A	O	W	P	F	Y	I
B	G	N	Đ	E	L	E	K	S	P	O	N	E	N	T
A	R	T	S	P	I	E	K	O	L	I	Č	I	N	A
Z	A	C	I	R	T	A	M	A	R	G	A	J	I	D
D	D	O	D	U	Z	I	M	A	N	J	E	A	C	Y
H	A	L	U	M	R	O	F	P	O	D	J	E	L	A

DIJAGRAM
PODJELA
JEDNADŽBA
EKSPONENT
LAŽNO
FAKTOR
FORMULA
FRAKCIJA
BESKONAČNO
LINEARNI
MATRICA
BROJ
ZAGRADA
PROBLEM
KOLIČINA
RJEŠENJE
SUMA
ODUZIMANJE
VARIJABLA
NULA

13 - Plantas

M	D	B	P	K	U	Y	L	J	N	W	G	F	C	M
B	A	V	A	R	T	D	T	I	L	M	R	L	Đ	C
R	O	H	A	R	G	P	K	Z	Š	P	M	O	T	Z
R	V	B	O	B	P	Z	R	Đ	F	Ć	U	R	H	P
I	R	D	I	V	A	Đ	A	J	E	V	E	A	N	S
B	D	U	A	C	I	T	A	L	J	C	K	H	I	K
O	D	C	R	J	A	N	L	I	S	T	V	S	B	R
T	G	V	D	N	L	A	A	Z	S	U	T	K	A	K
A	H	I	A	N	E	J	I	R	O	K	G	V	M	B
N	H	J	V	R	T	L	Z	R	F	C	N	W	B	P
I	Š	E	W	L	L	Š	I	H	W	W	O	D	U	S
K	U	T	Đ	O	C	R	K	P	P	V	J	C	S	N
A	M	P	O	H	C	B	Z	P	V	I	I	O	G	I
D	A	J	I	C	A	T	E	G	E	V	V	T	O	T
O	E	C	G	I	G	F	F	L	S	H	O	B	V	T

GRM
DRVO
BOBICA
BAMBUS
BOTANIKA
KAKTUS
GRAH
GNOJIVO
CVIJET
FLORA
ŠUMA
LIST
LIŠĆE
TRAVA
BRŠLJAN
VRT
MAHOVINA
LATICA
KORIJEN
VEGETACIJA

14 - Veículos

H	P	P	T	U	H	C	W	B	W	P	G	I	K	T
E	O	T	N	A	Y	I	B	M	O	K	M	Č	A	R
L	D	A	R	V	K	S	T	J	R	U	O	A	M	A
I	M	U	E	A	M	S	S	N	H	H	T	M	I	K
K	O	T	T	L	J	Y	I	V	A	O	O	A	O	T
O	R	O	U	P	J	E	M	U	G	P	R	C	N	O
P	N	M	K	S	T	A	K	P	B	H	O	W	W	R
T	I	O	S	U	E	L	A	T	I	N	R	M	L	K
E	C	B	P	B	Đ	W	N	W	L	B	B	N	O	G
R	A	I	Z	O	A	G	U	B	I	C	I	K	L	Ć
C	T	L	M	T	Y	E	Č	C	Z	T	M	U	W	V
P	E	L	D	U	V	Z	R	A	K	O	P	L	O	V
Z	K	P	N	A	V	A	R	A	K	V	N	Y	V	S
W	A	W	C	A	G	F	Đ	Đ	P	G	B	V	T	G
E	R	K	O	J	S	N	S	R	Z	L	P	Đ	P	H

HITNA POMOĆ
ZRAKOPLOV
TRAJEKT
ČAMAC
BICIKL
KAMION
KARAVAN
AUTOMOBIL
RAKETA
KOMBI
HELIKOPTER
SPLAV
SKUTER
MOTOR
AUTOBUS
GUME
PODMORNICA
TAKSI
ČUNAK
TRAKTOR

15 - Engenharia

T	D	E	G	R	M	R	M	P	D	P	O	F	B	A
E	I	N	W	Z	T	C	M	R	R	U	C	B	F	M
K	S	E	F	S	O	K	O	O	S	H	B	D	L	A
U	T	R	J	M	U	S	T	M	T	B	I	I	O	R
Ć	R	G	I	I	Y	E	O	J	O	R	T	S	N	G
I	I	I	Z	W	Z	J	R	E	S	N	A	G	A	A
N	B	J	R	O	O	N	D	R	D	I	Z	E	L	J
A	U	A	A	W	I	E	E	P	O	G	O	N	C	I
O	C	C	Č	L	V	R	D	M	D	U	Z	Z	H	D
U	I	P	U	K	U	T	W	G	I	N	W	S	G	F
H	J	Y	N	G	V	V	P	U	Y	D	H	C	L	Z
Đ	A	R	C	J	J	J	M	J	E	R	E	N	J	E
I	Z	G	R	A	D	N	J	A	I	I	Y	H	G	A
S	T	R	U	K	T	U	R	A	O	Z	U	S	M	F
S	S	T	A	B	I	L	N	O	S	T	Y	K	O	S

TRENJE
KUT
IZRAČUN
IZGRADNJA
DIJAGRAM
PROMJER
DIZEL
DIMENZIJE
DISTRIBUCIJA
OS
ENERGIJA
STABILNOST
STRUKTURA
SNAGA
TEKUĆINA
STROJ
MJERENJE
MOTOR
DUBINA
POGON

16 - Restaurante # 2

S	K	F	A	O	S	Y	V	M	Z	N	T	A	K	U
D	A	O	N	S	U	K	U	E	L	E	D	A	P	N
V	Č	L	F	C	T	A	D	M	Č	P	E	Z	G	V
B	U	E	A	H	U	J	S	O	L	E	K	N	J	M
N	R	J	C	T	E	T	P	O	G	I	R	Đ	L	R
A	A	D	O	V	A	C	I	L	Ž	N	M	A	O	P
N	B	E	J	R	C	Y	Ć	C	V	I	L	I	C	A
J	O	R	A	H	K	K	E	D	N	Č	R	I	B	A
C	N	P	P	O	V	R	Ć	E	U	A	O	Z	L	C
F	O	K	H	G	R	J	V	C	T	Z	Z	Đ	K	I
W	K	E	G	G	A	I	I	E	I	Z	D	E	K	L
Z	R	B	V	U	H	V	O	Ć	E	N	E	P	R	O
V	A	F	Y	B	D	W	U	S	B	U	K	P	T	T
M	J	J	D	Z	D	Z	L	H	K	A	K	V	Đ	S
O	P	K	Đ	R	T	O	R	T	A	F	Z	J	Đ	D

RUČAK
PREDJELO
VODA
PIĆE
TORTA
STOLICA
ŽLICA
UKUSNO
ZAČINI
VOĆE
KONOBAR
VILICA
LED
VEČERA
POVRĆE
REZANCI
RIBA
SOL
SALATA
JUHA

17 - Países #2

P	J	O	S	Y	O	T	Đ	F	A	Y	O	K	E	L
A	A	J	I	Z	E	N	O	D	N	I	E	A	W	I
K	M	B	Z	H	D	G	O	A	J	J	O	H	G	B
I	A	K	S	O	M	A	L	I	J	A	F	O	R	A
S	J	H	O	N	I	G	E	R	I	J	A	R	Č	N
T	K	H	A	I	T	I	M	I	M	I	Y	U	K	O
A	A	D	L	S	R	O	I	R	W	R	V	S	A	N
N	A	A	I	N	A	V	Đ	S	P	I	D	I	U	Z
A	O	N	J	N	M	E	A	K	P	S	O	J	K	C
E	K	S	Y	O	C	Y	Z	A	I	Đ	N	A	R	Z
B	I	K	V	A	L	B	A	N	I	J	A	L	A	D
P	S	A	U	G	A	N	D	A	U	G	P	D	J	E
A	K	Y	F	R	A	N	C	U	S	K	A	O	I	L
N	E	P	A	L	C	V	S	F	H	L	J	A	N	H
Y	M	Đ	V	R	G	Y	W	I	I	J	C	S	A	I

ALBANIJA
DANSKA
FRANCUSKA
GRČKA
HAITI
INDONEZIJA
IRSKA
JAMAJKA
JAPAN
LAOS
LIBANON
MEKSIKO
NEPAL
NIGERIJA
PAKISTAN
RUSIJA
SIRIJA
SOMALIJA
UKRAJINA
UGANDA

18 - Números

B	D	H	N	D	H	G	P	G	W	P	W	S	T	D
S	Z	H	T	S	E	A	N	T	E	P	U	Č	R	V
H	J	U	U	J	O	C	L	E	O	Đ	N	E	I	A
N	W	P	K	V	G	G	I	S	F	O	M	T	N	N
S	G	N	T	Z	Đ	G	H	M	A	S	O	I	A	A
Š	T	E	S	E	D	A	V	D	A	J	A	R	E	E
F	E	T	E	Z	F	R	V	S	V	L	E	I	S	S
Z	V	S	A	N	U	L	A	E	V	O	A	D	T	T
T	E	M	N	Y	Đ	R	I	D	D	L	V	M	A	Z
D	D	F	R	A	P	E	T	A	J	I	D	B	E	N
I	V	L	T	S	E	Š	F	M	P	W	E	D	N	N
T	J	O	E	W	C	S	Y	Đ	R	A	S	L	Đ	P
R	N	K	Č	T	M	S	T	T	R	I	E	K	P	Y
O	S	A	M	N	A	E	S	T	D	G	T	V	Đ	K
S	E	D	A	M	N	A	E	S	T	A	I	J	Đ	V

PET
DECIMALA
DESET
ŠESNAEST
SEDAMNAEST
OSAMNAEST
DVA
DVANAEST
DEVET
OSAM

ČETRNAEST
ČETIRI
PETNAEST
ŠEST
SEDAM
TRINAEST
TRI
JEDAN
DVADESET
NULA

19 - Física

M	S	A	R	V	M	K	L	H	J	B	D	P	T	M
F	O	R	M	U	L	A	E	U	Z	P	U	F	Z	A
W	A	A	V	I	U	K	G	M	W	B	I	O	I	G
O	K	Z	T	H	Z	I	A	C	I	T	S	E	Č	N
R	W	Đ	V	O	B	N	V	Z	K	J	Z	Y	Z	E
M	O	T	O	R	M	A	Y	C	L	M	S	Y	W	T
B	R	Z	I	N	A	H	W	U	A	H	L	K	F	I
B	A	J	I	C	N	E	V	K	E	R	F	R	I	Z
J	D	V	S	D	N	M	U	C	G	D	C	C	N	A
R	E	L	A	T	I	V	N	O	S	T	N	E	Y	M
Đ	R	P	L	I	N	N	U	K	L	E	A	R	N	I
E	L	E	K	T	R	O	N	M	A	S	A	I	K	D
G	R	A	V	I	T	A	C	I	J	A	K	Y	H	S
M	O	L	E	K	U	L	A	Ć	O	T	S	U	G	V
U	N	I	V	E	R	Z	A	L	A	N	S	W	U	W

ATOM
KAOS
GUSTOĆA
ELEKTRON
FORMULA
FREKVENCIJA
PLIN
GRAVITACIJA
MAGNETIZAM
MASA
MEHANIKA
MOLEKULA
MOTOR
NUKLEARNI
ČESTICA
KEMIJSKI
RELATIVNOST
UNIVERZALAN
BRZINA

20 - Especiarias

P	Đ	A	R	K	K	U	M	I	N	W	Đ	U	A	G
A	U	Đ	D	U	O	V	A	N	I	L	I	J	A	E
P	M	E	G	L	D	M	O	M	A	D	R	A	K	Đ
R	B	F	R	M	F	I	O	C	U	R	R	Y	P	W
I	I	Š	A	F	R	A	N	R	A	P	A	P	F	T
K	R	L	C	A	U	D	R	G	A	S	G	L	I	Y
A	E	I	H	U	V	J	S	D	E	Č	S	I	C	P
I	Č	K	O	R	I	J	A	N	D	E	R	I	S	D
H	N	E	P	S	S	L	A	T	K	O	M	S	P	K
Z	O	Y	Š	I	E	O	A	N	E	C	K	E	W	V
O	B	W	Y	N	Đ	S	D	A	G	M	O	K	U	S
O	F	V	R	A	J	E	S	S	D	H	I	P	U	D
K	I	S	E	L	O	A	G	O	R	A	K	C	N	Z
Z	K	W	J	U	D	I	K	T	A	L	S	O	R	T
M	J	W	C	U	F	H	S	F	M	F	T	P	L	H

ŠAFRAN
SLATKI
ČEŠNJAK
GORAK
ANIS
KISELO
VANILIJA
CIMET
KARDAMOM
CURRY
LUK
KORIJANDER
KUMIN
SLATKO
KOMORAČ
ĐUMBIR
PAPRIKA
PAPAR
OKUS
SOL

21 - Países #1

P	B	E	I	U	T	F	M	E	H	A	B	Y	K	E
L	A	G	E	N	E	S	E	G	I	P	A	T	A	K
I	K	N	M	V	N	H	U	C	Đ	L	D	L	M	V
Z	S	E	A	K	Š	E	V	R	O	N	A	Y	B	A
A	J	K	K	M	A	F	Z	H	M	R	N	M	O	D
R	L	Z	Č	P	A	J	I	D	N	I	A	L	D	O
B	O	R	A	P	K	B	B	N	Đ	T	K	N	Ž	R
O	P	U	M	I	S	G	A	E	S	N	S	H	A	U
I	A	F	E	K	L	K	R	I	O	K	O	R	A	M
T	D	L	J	J	O	I	I	R	A	K	A	A	S	M
A	W	U	N	J	J	N	I	K	A	R	A	G	V	A
L	R	T	L	U	N	D	S	F	I	Z	R	A	E	L
I	B	G	I	R	A	L	E	U	Z	E	N	E	V	C
J	W	L	H	J	P	A	L	P	A	S	B	A	O	Đ
A	W	J	Y	N	Š	W	R	N	C	B	K	T	Z	A

NJEMAČKA
BRAZIL
KAMBODŽA
KANADA
EGIPAT
EKVADOR
ŠPANJOLSKA
FINSKA
IRAK
IZRAEL
ITALIJA
INDIJA
MALI
MAROKO
NIKARAGVA
NORVEŠKA
PANAMA
POLJSKA
SENEGAL
VENEZUELA

22 - A Mídia

I	B	D	N	I	N	L	A	K	O	L	V	D	M	O
N	M	C	A	K	Z	Y	I	V	A	R	N	I	R	B
D	I	E	L	Č	V	D	V	W	O	D	O	G	E	R
U	Š	J	I	A	D	O	A	M	W	O	V	I	Ž	A
S	L	I	N	V	Y	Z	T	N	Y	R	I	T	A	Z
T	J	F	I	O	O	O	M	S	J	M	N	A	F	O
R	E	A	J	G	R	A	D	I	O	E	E	L	C	V
I	N	R	I	R	Z	R	V	K	P	N	T	N	P	A
J	J	G	F	T	S	L	I	S	U	K	V	I	V	N
A	E	O	S	T	A	V	O	V	I	M	Z	A	H	J
I	N	T	E	L	E	K	T	U	A	L	A	C	J	E
C	K	O	A	J	I	C	A	K	I	N	U	M	O	K
K	T	F	T	E	L	E	V	I	Z	I	J	A	R	I
F	I	N	A	N	C	I	R	A	N	J	E	L	D	L
Č	I	N	J	E	N	I	C	E	W	L	O	Đ	G	S

STAVOVI
TRGOVAČKI
KOMUNIKACIJA
DIGITALNI
IZDANJE
OBRAZOVANJE
ČINJENICE
FINANCIRANJE
FOTOGRAFIJE
SLIKE

INDUSTRIJA
INTELEKTUALAC
NOVINE
LOKALNI
NA LINIJI
MIŠLJENJE
JAVNOST
RADIO
MREŽA
TELEVIZIJA

23 - Casa

P	N	P	E	Đ	J	N	Đ	N	G	M	K	O	Z	S
E	Y	T	E	P	I	H	S	V	P	T	U	V	A	L
L	E	J	L	V	O	R	K	T	O	P	H	R	V	A
O	G	R	A	D	A	K	N	T	R	N	I	A	J	V
N	S	O	B	A	L	A	J	K	T	V	N	T	E	I
A	A	T	U	Š	T	M	I	Z	S	C	J	A	S	N
P	O	M	E	K	E	I	Ž	L	I	N	A	A	E	A
W	U	C	J	W	M	N	N	V	K	D	D	O	H	O
Y	A	C	N	E	K	P	I	T	M	T	O	Y	J	U
T	R	M	Y	K	Š	P	C	P	Y	O	P	R	G	D
V	F	B	R	L	U	T	A	G	A	R	A	Ž	A	O
B	H	Z	C	N	K	I	A	D	K	I	O	K	T	J
O	G	L	E	D	A	L	O	J	W	E	R	Đ	C	H
F	F	Y	R	H	P	R	O	Z	O	R	P	P	F	B
U	F	D	N	N	N	O	F	J	U	A	N	F	Đ	I

KNJIŽNICA
OGRADA
TIPKE
TUŠ
ZAVJESE
KUHINJA
OGLEDALO
GARAŽA
PROZOR
VRT

KAMIN
NAMJEŠTAJ
ZID
VRATA
SOBA
POTKROVLJE
TEPIH
STROP
SLAVINA
METLA

24 - Vegetais

N	Đ	C	G	C	E	S	A	I	S	G	S	K	B	R
D	U	F	Đ	B	B	C	F	S	B	R	A	R	R	G
Y	M	R	O	T	K	V	I	C	A	A	L	A	O	Đ
V	B	L	L	W	K	E	J	O	V	Š	A	S	K	C
G	I	Đ	I	A	L	U	O	Š	K	A	T	T	U	K
P	R	I	P	M	U	R	K	P	R	K	A	A	L	B
C	A	V	I	J	L	G	R	I	M	A	C	V	A	B
V	E	T	U	W	Y	T	A	N	P	J	I	A	A	I
T	V	L	L	B	H	J	O	A	E	Z	Č	C	M	F
L	A	S	E	I	U	L	O	T	R	O	J	E	F	A
U	B	K	U	R	D	N	Z	B	Š	K	A	W	T	R
K	R	O	Y	N	R	Ž	D	F	I	K	R	R	D	E
Č	E	Š	N	J	A	K	A	E	N	U	L	H	A	P
A	R	T	I	Č	O	K	A	N	V	L	E	S	V	A
F	U	J	Đ	F	Đ	Z	Y	J	S	A	Đ	C	V	N

BUNDEVA
CELER
ARTIČOKA
ČEŠNJAK
KRUMPIR
PATLIDŽAN
BROKULA
LUK
MRKVA
LUK KOZJAK
GLJIVA
GRAŠAK
ŠPINAT
ĐUMBIR
REPA
KRASTAVAC
ROTKVICA
SALATA
PERŠIN
RAJČICA

25 - Balé

I	K	Č	I	N	T	E	J	M	U	V	V	A	F	S
Z	O	B	B	P	U	V	M	B	O	G	L	Đ	Đ	K
R	Z	N	A	H	M	O	V	P	E	I	O	W	N	L
A	J	A	S	K	A	R	P	U	B	L	I	K	A	A
Ž	I	Z	J	O	T	K	A	S	E	J	L	P	P	D
A	N	O	L	O	S	E	U	N	J	W	Đ	V	Đ	A
J	T	I	A	W	E	S	D	J	M	U	H	S	G	T
A	E	C	U	J	G	T	G	L	A	Z	B	A	U	E
N	N	A	V	Y	V	A	N	I	T	Š	E	J	V	L
P	Z	R	U	O	A	R	H	B	I	B	A	G	M	J
R	I	G	K	O	R	E	O	G	R	A	F	I	J	A
O	T	S	W	M	W	P	L	E	S	A	Č	I	W	Z
B	E	K	T	B	A	L	E	R	I	N	A	V	D	A
A	T	F	C	I	T	E	H	N	I	K	A	Y	C	D
F	L	D	C	G	L	V	Z	D	S	O	V	A	W	R

PLJESAK
UMJETNIČKI
BALERINA
SKLADATELJ
KOREOGRAFIJA
PLESAČI
PROBA
STIL
IZRAŽAJAN
GESTA

GRACIOZAN
VJEŠTINA
INTENZITET
GLAZBA
ORKESTAR
PRAKSA
PUBLIKA
RITAM
SOLO
TEHNIKA

26 - Adjetivos #1

A	V	S	D	W	A	T	S	W	N	K	N	L	Z	N
P	D	A	A	S	N	A	V	I	T	K	A	R	T	A
S	A	C	Ž	N	D	J	I	E	M	A	Č	M	F	J
O	S	O	Y	N	K	A	E	T	D	R	I	T	W	L
L	I	V	M	K	O	N	G	E	H	M	T	O	T	I
U	S	P	N	V	D	S	Z	Š	H	L	N	E	C	B
T	K	A	N	A	T	T	O	K	R	P	E	J	T	Z
A	R	U	A	H	J	V	T	A	N	K	D	V	G	O
N	E	S	M	Đ	Y	E	I	G	M	F	I	K	O	O
I	N	P	O	I	R	N	Č	S	A	V	R	Š	E	N
P	L	O	R	V	A	I	N	M	O	D	E	R	A	N
W	E	R	G	A	J	J	O	D	Z	C	H	Đ	C	B
Y	H	I	O	U	M	J	E	T	N	I	Č	K	I	G
Z	I	T	V	E	L	I	K	O	D	U	Š	A	N	I
J	W	I	K	I	L	E	V	S	J	A	E	I	P	L

APSOLUTAN
UMJETNIČKI
ATRAKTIVAN
OGROMAN
MRAK
EGZOTIČNO
TANAK
VELIKODUŠAN
VELIKI
ISKREN
IDENTIČAN
VAŽNO
USPORITI
TAJANSTVENI
MODERAN
SAVRŠEN
TEŠKA
OZBILJAN

27 - Psicologia

M	Đ	W	F	H	E	Y	S	T	I	G	I	S	M	L
O	M	K	B	E	N	G	C	P	Z	K	K	U	T	A
S	J	R	F	I	Z	U	O	T	O	P	Č	K	H	Đ
J	S	T	V	A	R	N	O	S	T	Z	I	O	C	Đ
E	J	N	A	Š	A	N	O	P	U	K	N	B	J	B
Ć	E	V	Đ	W	Y	J	O	E	O	L	I	A	K	H
A	N	E	J	C	O	R	P	B	K	J	L	V	J	Z
J	L	E	N	Đ	E	N	B	K	V	A	K	T	U	A
U	H	R	S	P	R	O	B	L	E	M	F	S	T	E
R	O	E	I	V	O	N	S	A	D	M	L	U	J	M
I	O	V	T	S	J	N	I	T	E	J	D	K	E	O
V	A	J	I	C	P	E	C	R	E	P	K	S	C	C
M	I	S	L	I	Y	I	S	N	Đ	I	Z	I	A	I
O	S	O	B	N	O	S	T	N	O	H	U	J	J	J
T	E	R	A	P	I	J	A	I	O	M	L	V	I	E

PROCJENA
KLINIČKI
SPOZNAJA
PONAŠANJE
SUKOB
EGO
EMOCIJE
ISKUSTVA
NESVJESNO
DJETINJSTVO
UTJECAJI
MISLI
PERCEPCIJA
OSOBNOST
PROBLEM
STVARNOST
OSJEĆAJ
SNOVI
TERAPIJA

28 - Paisagens

R	W	J	H	L	B	T	M	I	O	A	M	C	T	E
A	L	T	E	R	O	M	Z	T	Y	M	O	O	U	Y
H	N	L	D	Z	R	Z	W	B	O	F	Č	D	N	L
P	P	L	E	R	E	D	P	H	M	R	V	G	D	P
L	V	C	B	D	G	R	L	Y	C	J	A	H	R	U
A	W	B	J	F	E	Đ	O	D	R	B	R	G	A	S
N	F	V	D	V	H	N	I	U	C	B	A	P	K	T
I	S	T	J	O	A	Z	A	O	C	E	A	N	E	I
N	V	R	M	O	L	V	O	D	O	P	A	D	J	N
A	D	O	T	O	K	I	Z	A	L	J	E	V	I	J
Đ	D	U	W	D	A	A	N	A	K	L	U	V	R	A
H	U	K	T	J	Ž	U	K	A	J	N	E	D	E	L
Š	P	I	L	J	A	T	T	F	D	H	W	N	D	B
O	H	M	P	O	L	U	O	T	O	K	S	V	M	J
B	F	A	J	D	P	Đ	L	A	I	D	K	I	M	A

VODOPAD
ŠPILJA
BRDO
PUSTINJA
LEDENJAK
ZALJEV
LEDENA
OTOK
JEZERO
MORE
PLANINA
OAZA
OCEAN
MOČVARA
POLUOTOK
PLAŽA
RIJEKA
TUNDRA
DOLINA
VULKAN

29 - Dança

S	K	L	T	M	M	I	N	Č	I	S	A	L	K	T
K	Y	U	N	Đ	I	D	R	Ž	A	N	J	E	U	I
O	J	C	L	U	T	L	C	C	K	A	J	L	L	J
K	A	O	N	T	V	B	O	K	Z	J	B	E	T	E
N	W	Z	E	F	U	B	C	S	H	A	P	O	U	L
G	L	A	Z	B	A	R	H	A	T	Ž	A	U	R	O
E	I	J	Y	P	P	Z	A	K	E	A	R	T	N	P
A	J	I	C	O	M	E	Đ	H	R	R	T	R	I	Z
I	G	M	C	H	J	T	N	R	K	Z	N	Y	C	G
I	K	E	R	I	T	A	M	E	O	I	E	R	Z	M
I	N	D	I	V	Đ	S	A	H	P	S	R	W	R	A
C	C	A	K	O	R	E	O	G	R	A	F	I	J	A
R	E	K	W	H	U	M	J	E	T	N	O	S	T	D
H	N	A	T	S	O	D	A	R	N	G	Đ	C	Z	P
T	R	A	D	I	C	I	O	N	A	L	A	N	F	G

AKADEMIJA
RADOSTAN
UMJETNOST
KLASIČNI
KOREOGRAFIJA
TIJELO
KULTURA
KULTURNI
EMOCIJA
PROBA
IZRAŽAJAN
MILOST
POKRET
GLAZBA
PARTNER
DRŽANJE
RITAM
SKOK
TRADICIONALAN
VIDNI

30 - Nutrição

R	K	A	R	O	G	S	A	S	T	O	J	C	I	H
Y	A	T	E	J	I	D	H	R	A	N	L	J	I	V
Y	L	T	O	K	S	I	N	D	N	U	D	V	O	A
V	O	V	I	T	A	M	I	N	I	L	M	R	S	R
Z	R	P	D	U	T	V	I	W	Ž	M	A	A	U	D
V	I	D	R	E	H	J	I	P	E	O	C	G	K	Z
R	J	M	P	O	P	J	N	V	T	F	Y	M	O	G
E	E	T	O	R	B	E	V	L	I	V	M	T	W	L
N	R	S	A	N	O	A	T	E	T	I	L	A	V	K
J	V	I	P	Đ	Y	T	V	B	E	C	O	R	M	G
E	H	N	W	E	J	K	E	A	P	T	C	E	H	T
T	E	K	U	Ć	I	N	E	I	A	B	J	Đ	G	T
J	E	S	T	I	V	O	A	R	N	F	J	M	M	I
S	T	Z	D	R	A	V	L	J	E	I	U	H	A	H
U	R	A	V	N	O	T	E	Ž	E	N	U	H	H	V

GORAK
APETIT
KALORIJE
JESTIVO
DIJETA
PROBAVA
URAVNOTEŽEN
VRENJE
SASTOJCI
TEKUĆINE
UMAK
HRANLJIV
TEŽINA
PROTEINI
KVALITETA
OKUS
ZDRAV
ZDRAVLJE
TOKSIN
VITAMIN

31 - Energia

O	U	Š	Y	C	D	G	D	T	A	P	A	S	L	Đ
V	O	D	I	K	W	I	D	W	U	Đ	N	E	V	I
E	B	R	O	L	N	V	Z	Đ	Đ	L	I	S	R	V
L	A	D	S	B	O	F	F	E	J	V	B	U	D	A
E	T	N	A	S	T	K	O	O	L	K	R	W	W	L
K	E	E	U	J	O	S	O	V	A	S	U	N	C	E
T	R	R	F	N	F	A	Y	I	N	G	T	O	E	K
R	I	I	N	D	U	S	T	R	I	J	A	R	N	Y
I	J	V	J	E	T	A	R	O	L	A	M	T	T	F
Č	A	H	F	Y	A	V	M	G	P	N	N	K	R	U
N	I	Z	N	E	B	Z	A	O	O	O	J	E	O	G
I	N	R	A	E	L	K	U	N	T	W	I	L	P	L
Z	A	G	A	Đ	E	N	J	E	T	O	Y	E	I	J
O	B	N	O	V	L	J	I	V	I	Y	R	W	J	I
A	H	D	Z	P	C	C	E	F	E	L	F	F	A	K

OKOLIŠ
BATERIJA
TOPLINA
UGLJIK
GORIVO
DIZEL
ELEKTRIČNI
ELEKTRON
ENTROPIJA
FOTON
BENZIN
VODIK
INDUSTRIJA
MOTOR
NUKLEARNI
ZAGAĐENJE
OBNOVLJIV
SUNCE
TURBINA
VJETAR

32 - Disciplinas Científicas

M	M	A	J	I	G	O	L	O	E	H	R	A	E	T
V	E	B	I	O	L	O	G	I	J	A	C	K	Y	S
K	C	T	P	A	K	I	N	A	T	O	B	I	M	O
G	T	W	E	T	W	N	K	J	P	J	Đ	T	R	C
K	E	C	K	O	P	V	T	I	F	H	P	S	P	I
E	P	O	T	R	R	T	I	G	K	D	I	I	S	O
M	U	C	L	B	B	O	L	O	H	Đ	C	V	I	L
I	W	I	V	O	Y	L	L	L	C	K	H	G	H	O
J	E	A	J	I	G	O	L	O	R	U	E	N	O	G
A	V	H	O	I	W	I	T	K	G	I	I	I	L	I
F	J	O	Đ	A	U	A	J	E	O	I	K	L	O	J
O	B	Đ	M	H	K	V	E	A	N	W	J	B	G	A
M	I	N	E	R	A	L	O	G	I	J	A	A	I	C
A	N	A	T	O	M	I	J	A	U	E	K	G	J	G
F	I	Z	I	O	L	O	G	I	J	A	Y	O	A	R

ANATOMIJA
ARHEOLOGIJA
BIOLOGIJA
BOTANIKA
EKOLOGIJA
FIZIOLOGIJA
GEOLOGIJA
LINGVISTIKA
METEOROLOGIJA
MINERALOGIJA
NEUROLOGIJA
PSIHOLOGIJA
KEMIJA
SOCIOLOGIJA

33 - Meditação

M	K	Đ	J	G	P	V	S	D	M	P	O	D	T	V
P	I	N	T	S	R	A	U	R	M	A	N	G	K	U
T	T	S	A	T	I	F	O	T	Z	Ž	L	S	F	G
O	S	I	L	F	H	M	S	E	J	N	A	Ž	R	D
N	O	W	T	I	V	G	J	R	U	J	T	N	Đ	W
Z	N	E	J	C	A	L	E	K	Č	A	N	B	Đ	B
J	Z	V	U	E	Ć	A	Ć	O	E	D	E	K	R	G
N	A	D	U	B	A	Z	A	P	N	O	M	M	E	Đ
O	B	S	E	A	N	B	N	H	J	R	T	U	J	Đ
C	U	W	N	Z	J	A	J	R	A	I	I	M	I	R
W	J	J	A	O	E	Y	E	I	V	R	Š	U	C	B
P	L	C	B	S	Ć	N	J	V	I	P	I	B	O	B
V	B	C	E	M	J	A	U	M	Y	J	N	T	M	R
P	E	R	S	P	E	K	T	I	V	A	A	T	E	K
C	Z	A	H	V	A	L	N	O	S	T	B	Z	J	L

PRIHVAĆANJE
BUDAN
PAŽNJA
LJUBAZNOST
JASNOĆA
SUOSJEĆANJE
EMOCIJE
UČENJA
ZAHVALNOST
MENTALNO
UM
POKRET
GLAZBA
PRIRODA
MIR
MISLI
PERSPEKTIVA
DRŽANJE
TIŠINA

34 - Instrumentos Musicais

O	L	C	A	J	N	A	B	U	B	Y	A	O	K	M
Z	Đ	P	T	G	I	N	N	E	H	T	Z	L	J	A
K	Y	Z	S	I	G	I	S	K	N	S	V	E	Đ	N
L	U	C	F	T	W	L	A	J	K	D	D	Č	R	D
B	M	D	Z	A	A	O	K	L	L	M	Ž	N	H	O
B	R	C	L	R	U	I	S	A	A	O	M	O	H	L
G	O	N	G	A	O	V	O	R	R	V	V	L	A	I
T	R	O	M	B	O	N	F	A	I	U	Đ	O	R	N
O	B	O	A	U	A	I	O	D	N	L	D	I	M	A
G	S	D	T	P	N	N	N	U	E	K	W	V	O	Z
A	D	G	Đ	V	A	B	U	R	T	P	F	I	N	N
F	J	S	R	K	E	F	W	L	M	G	D	Đ	I	A
C	R	P	I	K	Š	A	R	U	B	M	A	T	K	U
F	L	A	U	T	A	K	L	A	V	I	R	Y	A	J
M	A	R	I	M	B	A	P	O	H	R	S	N	H	G

MANDOLINA	TAMBURAŠKI
BENDŽO	UDARALJKE
KLARINET	KLAVIR
FAGOT	SAKSOFON
FLAUTA	BUBANJ
HARMONIKA	TROMBON
GONG	TRUBA
HARFA	GITARA
MARIMBA	VIOLINA
OBOA	VIOLONČELO

35 - Adjetivos #2

O	K	A	O	Z	D	A	R	O	V	I	T	K	T	Y
P	D	B	A	P	D	I	V	L	J	I	E	O	B	N
R	G	G	V	E	I	T	A	N	Z	O	P	C	P	C
I	N	G	O	H	U	S	C	B	E	V	Z	M	V	T
R	Z	W	V	V	U	Đ	N	A	S	O	N	O	P	Z
O	D	B	E	J	O	N	Č	I	T	N	E	T	U	A
D	R	Z	F	A	P	R	C	I	S	K	F	E	N	K
N	A	A	C	K	C	U	A	E	I	G	K	L	C	W
O	V	N	R	F	J	B	Z	N	Č	E	B	E	A	Z
Đ	C	I	N	O	R	M	A	L	A	N	G	G	H	F
M	H	M	D	I	J	T	A	O	U	L	B	A	R	U
D	G	L	W	C	L	A	K	N	M	N	S	N	O	Y
U	N	J	C	C	R	I	H	G	N	V	E	T	Y	H
J	G	I	N	V	I	T	A	E	R	K	U	A	W	V
Đ	W	V	I	W	H	V	R	U	Ć	E	Đ	N	K	C

AUTENTIČNO
KREATIVNI
OPISNI
DAROVIT
ELEGANTAN
POZNATI
JAK
ZANIMLJIV
PRIRODNO
NORMALAN
NOVO
PONOSAN
ČIST
VRUĆE
ODGOVORAN
SLAN
ZDRAV
SUHO
DIVLJI

36 - Roupas

Č	A	R	A	P	E	D	A	V	W	J	G	N	H	P
W	Y	K	P	L	Đ	R	Ž	Đ	D	O	W	S	A	O
B	S	H	L	Z	Z	A	K	E	Z	I	U	A	L	J
V	A	D	O	M	L	I	I	C	M	C	H	C	J	A
U	N	D	P	I	D	Ž	A	M	A	P	B	I	I	S
G	D	K	A	P	U	T	C	Č	V	G	E	L	N	P
Đ	A	T	J	E	E	C	I	V	A	K	U	R	A	P
S	L	G	N	M	L	D	V	N	N	G	D	G	N	B
D	E	S	K	J	Đ	R	K	C	K	K	E	O	I	L
K	O	Š	U	L	J	A	U	H	A	E	N	R	J	U
K	B	K	S	H	Đ	L	R	L	J	P	D	I	P	Z
P	V	N	C	L	D	E	A	E	D	J	B	Š	R	A
L	Đ	W	J	A	G	P	N	V	B	M	Z	E	I	Z
T	E	B	P	Č	C	I	K	M	Z	L	J	Š	Y	O
B	S	K	J	E	E	C	I	R	E	P	A	R	T	R

PREGAČA
BLUZA
HLAČE
KOŠULJA
KAPUT
ŠEŠIR
POJAS
OGRLICA
JAKNA
TRAPERICE
RUKAVICE
ČARAPE
MODA
PIDŽAMA
NARUKVICA
SUKNJA
SANDALE
CIPELA
DŽEMPER
HALJINA

37 - Herbalismo

W	W	B	B	F	N	J	S	U	P	J	W	G	M	T
T	J	V	N	I	R	A	M	Ž	U	R	F	Z	A	I
J	M	G	S	Y	L	S	J	Č	N	A	V	J	Ž	M
J	W	F	Y	P	G	J	W	C	E	C	R	C	U	I
C	V	I	J	E	T	Đ	K	P	L	Š	T	T	R	J
K	K	O	M	O	R	A	Č	A	E	D	N	L	A	A
O	N	S	I	R	O	K	B	W	Z	K	P	J	N	N
R	M	U	E	E	D	R	A	G	U	L	J	S	A	O
I	P	K	O	R	D	P	L	C	Y	G	K	A	R	K
J	D	O	U	A	M	T	E	R	K	M	D	S	F	O
A	D	N	A	V	A	L	L	R	S	H	P	T	A	P
N	B	O	S	I	L	J	A	K	Š	F	K	O	Š	Z
D	K	V	A	L	I	T	E	T	A	I	A	J	O	T
E	F	W	W	F	S	Z	W	Y	M	Y	N	A	Đ	N
R	A	R	O	M	A	T	S	K	I	C	F	K	M	D

ŠAFRAN
RUŽMARIN
ČEŠNJAK
AROMATSKI
KORISNO
KORIJANDER
DRAGULJ
CVIJET
KOMORAČ
SASTOJAK
VRT
LAVANDA
BOSILJAK
MAŽURAN
BILJKA
KVALITETA
OKUS
PERŠIN
TIMIJAN
ZELEN

38 - Arqueologia

C	I	V	I	L	I	Z	A	C	I	J	A	P	S	I
F	O	S	I	L	F	B	I	A	M	J	O	R	T	S
J	Đ	D	Z	W	W	M	Y	M	Y	J	B	O	R	T
A	J	I	R	E	T	S	I	M	M	J	N	F	U	R
N	D	O	B	A	A	O	T	K	A	U	N	E	Č	A
A	G	T	O	J	N	V	S	M	P	R	H	S	N	Ž
L	O	Y	R	I	Z	B	O	U	A	Z	H	O	J	I
I	D	L	G	C	O	P	K	Z	B	G	D	R	A	V
Z	I	H	Z	A	P	G	O	O	N	J	E	F	K	A
A	N	P	M	U	E	R	S	T	B	Z	L	V	J	Č
S	E	K	N	L	N	T	M	T	O	J	I	B	H	U
P	O	I	V	A	R	O	B	A	Z	M	E	I	M	N
U	A	J	I	V	K	I	L	E	R	I	A	K	O	W
W	D	G	J	E	D	C	S	Z	R	T	U	K	T	A
Y	E	F	R	A	G	M	E	N	T	I	O	Y	G	I

ANALIZA
GODINE
EVALUACIJA
CIVILIZACIJA
POTOMAK
NEPOZNAT
TIM
DOBA
STRUČNJAK
ZABORAVIO
FOSIL
FRAGMENTI
ISTRAŽIVAČ
MISTERIJA
OBJEKTI
KOSTI
PROFESOR
RELIKVIJA
HRAM
GROB

39 - Esporte

E	J	N	A	Z	E	T	S	I	H	G	H	M	S	B
Đ	T	O	L	E	J	I	T	R	G	D	Đ	A	O	I
D	R	E	G	W	N	C	G	D	T	K	I	K	K	C
I	E	Đ	Đ	G	P	R	O	G	R	A	M	S	Z	I
J	N	R	K	E	I	T	S	O	K	L	Z	I	D	K
E	E	T	V	Đ	Ć	N	P	L	E	S	H	M	R	L
T	R	C	G	V	I	Đ	G	E	T	R	I	I	A	I
A	G	A	N	S	Š	A	T	R	O	P	S	Z	V	Z
N	T	S	O	V	I	J	L	Ž	R	D	Z	I	L	A
A	C	B	F	J	M	Z	K	O	U	B	B	R	J	M
R	D	I	Z	J	I	Y	K	W	W	N	Z	A	E	H
H	S	F	L	I	K	Č	I	L	O	B	A	T	E	M
S	B	E	Y	J	R	D	M	A	Y	I	L	I	D	Đ
I	K	S	T	R	O	P	S	G	P	J	I	M	H	Z
A	S	P	O	S	O	B	N	O	S	T	V	R	R	J

ISTEZANJE
SPORTAŠ
SPOSOBNOST
BICIKLIZAM
TIJELO
PLES
DIJETA
SPORTSKI
SNAGA
JOGGING
MAKSIMIZIRATI
METABOLIČKI
MIŠIĆI
ISHRANA
CILJ
KOSTI
PROGRAM
IZDRŽLJIVOST
ZDRAVLJE
TRENER

40 - Agronomia

Z	R	M	R	U	T	F	F	K	W	D	R	V	V	P
S	A	J	I	G	R	E	N	E	Y	O	K	O	Đ	R
E	J	G	J	E	S	U	S	T	A	V	I	D	Đ	O
O	I	A	A	N	W	T	I	U	J	I	L	A	Đ	I
S	G	L	Đ	Đ	B	S	E	B	E	J	L	I	B	Z
K	O	L	B	V	E	O	I	J	Ć	O	L	T	I	V
O	L	R	A	J	K	N	V	J	R	N	P	S	P	O
Đ	O	A	N	A	N	A	J	G	V	G	M	E	N	D
D	K	S	F	E	E	N	B	E	O	R	C	L	O	N
B	E	T	W	V	M	Z	N	T	P	U	B	O	O	J
J	I	C	D	H	E	O	K	O	L	I	Š	B	D	A
W	J	S	J	R	J	E	R	O	Z	I	J	A	R	H
Z	L	U	I	K	S	N	A	G	R	O	Đ	O	Ž	L
P	O	L	J	O	P	R	I	V	R	E	D	A	I	O
O	F	C	U	A	K	T	M	C	Đ	V	H	O	V	K

POLJOPRIVREDA
OKOLIŠ
VODA
ZNANOST
RAST
BOLESTI
EKOLOGIJA
ENERGIJA
EROZIJA
GNOJIVO
POVRĆE
ORGANSKI
BILJE
ZAGAĐENJE
PROIZVODNJA
SEOSKO
SJEMENKE
SUSTAVI
TLO
ODRŽIV

41 - Frutas

M	N	I	L	I	M	U	N	A	Č	N	A	R	A	N
A	A	C	I	L	E	R	A	M	N	M	O	J	V	I
V	B	L	G	U	A	V	A	T	S	A	G	N	K	B
O	A	G	I	K	W	W	I	R	P	J	N	K	O	O
K	N	R	J	N	I	I	U	E	P	A	A	A	M	B
A	A	O	O	K	A	V	J	Š	I	P	M	N	S	I
D	N	Ž	U	O	O	N	I	N	B	A	A	I	C	C
O	A	Đ	A	K	U	B	A	J	R	P	J	P	Đ	A
S	T	E	D	O	F	P	B	A	E	Đ	J	U	A	E
B	P	D	H	S	E	E	F	H	S	M	T	K	S	O
A	O	B	Z	G	S	H	Y	T	K	E	Y	O	Y	I
K	R	U	Š	K	A	O	O	Z	V	C	V	A	I	O
H	C	H	M	O	Z	E	N	B	A	P	G	A	K	R
I	D	W	G	G	A	R	K	P	P	C	P	O	J	K
E	Đ	S	I	Z	J	F	Đ	O	A	K	J	C	Y	G

AVOKADO
ANANAS
KUPINA
BOBICA
BANANA
TREŠNJA
KOKOS
MARELICA
SMOKVA
MALINA
GUAVA
KIVI
NARANČA
LIMUN
JABUKA
PAPAJA
MANGO
KRUŠKA
BRESKVA
GROŽĐE

42 - Corpo Humano

U	T	L	S	P	P	R	S	T	U	Đ	E	G	Đ	I
M	E	A	K	U	R	B	Đ	T	S	F	Y	L	Z	K
F	G	K	R	D	I	M	N	B	T	O	L	A	A	J
K	K	A	B	V	R	A	M	E	A	K	Z	V	R	K
O	H	T	S	U	J	L	E	Č	P	O	S	A	Y	A
Ž	L	R	O	K	J	T	U	Đ	A	N	O	D	F	Z
A	G	E	N	P	N	G	S	R	C	E	O	A	F	O
A	Đ	I	Č	N	A	O	P	S	N	J	O	R	O	M
B	U	U	C	A	Ž	H	G	L	G	L	F	B	I	L
I	S	W	D	S	E	U	L	A	U	O	P	J	F	C
Đ	M	M	R	I	L	P	B	R	H	K	T	T	F	V
E	M	Y	K	A	G	J	T	A	O	D	J	D	L	Z
Y	E	W	L	F	H	U	B	F	C	J	E	G	D	N
K	O	K	J	R	I	J	S	S	Z	L	W	P	F	V
R	D	Z	F	V	C	G	C	P	O	Đ	D	U	J	B

USTA
GLAVA
MOZAK
SRCE
LAKAT
PRST
KOLJENO
ČELJUST
RUKA
NOS

OKO
RAME
UHO
KOŽA
NOGA
VRAT
BRADA
KRV
ČELO
GLEŽANJ

43 - Restaurante #1

K	K	R	E	Z	E	R	V	A	C	I	J	A	S	A
A	U	A	D	U	M	D	Z	N	G	T	N	A	N	L
M	S	H	V	Đ	E	D	U	I	F	S	C	L	G	E
U	A	S	I	A	S	Z	N	T	R	E	S	E	D	R
O	N	A	H	N	O	N	A	E	P	J	C	J	K	G
T	U	S	B	I	J	I	K	L	S	K	I	D	H	I
E	Y	T	L	P	U	A	U	I	E	A	I	Z	U	J
F	G	O	A	J	G	P	T	P	B	F	N	A	I	A
R	S	J	G	W	G	K	N	S	W	L	G	H	K	K
Y	H	C	A	B	A	C	I	R	A	B	O	N	O	K
Y	N	I	J	U	K	J	E	L	O	V	N	I	K	C
O	N	O	N	B	R	N	I	J	T	G	W	N	F	L
K	Đ	I	I	R	U	J	N	A	T	I	D	C	C	Đ
Đ	T	C	K	U	H	Đ	R	S	F	D	D	G	T	R
S	H	Y	U	S	Đ	N	I	E	E	J	N	O	Ž	M

ALERGIJA
KAVA
BLAGAJNIK
MESO
JESTI
KUHINJA
NOŽ
PILETINA
KONOBARICA
UBRUS
SASTOJCI
JELOVNIK
UMAK
KRUH
AKUTNI
TANJUR
REZERVACIJA
DESERT
ZDJELA

44 - Caminhada

Y	N	P	N	E	S	K	K	O	L	P	J	Ž	K	K
L	G	G	P	J	A	D	O	R	I	R	P	I	A	O
O	P	A	S	N	O	S	T	I	T	I	O	V	M	S
O	Y	T	E	E	C	N	V	V	I	P	Y	O	P	D
E	R	C	Z	M	M	S	R	O	C	R	U	T	I	T
A	N	I	N	A	L	P	I	K	A	E	M	I	R	E
J	H	F	J	K	Y	A	J	R	M	M	O	N	A	Š
N	B	O	I	E	N	P	E	A	I	A	R	J	N	K
V	S	O	J	V	N	O	M	P	L	A	N	E	J	A
Č	P	W	N	I	O	T	E	G	K	L	I	K	E	B
Y	I	J	L	V	I	D	A	Z	O	Z	Z	J	M	Z
W	Y	Z	N	C	D	G	I	C	V	Z	A	I	U	F
S	L	Y	M	B	P	J	J	Č	I	K	A	R	T	A
U	T	V	C	E	C	N	U	S	I	J	N	G	R	A
J	V	O	D	A	S	E	P	Z	K	J	A	M	O	N

KAMPIRANJE
ŽIVOTINJE
VODA
ČIZME
UMORNI
KLIMA
VODIČI
KARTA
PLANINA
PRIRODA
ORIJENTACIJA
PARKOVI
KAMENJE
LITICA
OPASNOSTI
TEŠKA
PRIPREMA
DIVLJI
SUNCE
VRIJEME

45 - Biologia

B	Ž	I	V	A	C	B	F	Y	P	W	V	E	K	D
E	J	E	M	B	R	I	J	A	S	P	A	N	I	S
A	Z	E	T	N	I	S	O	T	O	F	F	Z	S	D
A	U	J	L	L	P	A	K	U	T	T	Y	I	H	V
N	R	N	I	A	O	S	H	R	H	K	E	M	I	Z
E	N	Y	R	J	N	O	R	U	E	N	J	O	Đ	J
G	O	P	E	I	D	Č	J	Đ	S	C	I	S	K	S
A	M	K	D	C	O	R	E	B	A	W	R	O	T	I
L	R	A	P	A	R	Đ	A	V	J	C	E	M	S	M
O	O	B	Z	T	I	C	U	Y	I	F	T	O	I	B
K	H	K	U	U	R	H	K	Đ	L	N	K	R	S	I
N	B	A	E	M	P	V	E	B	E	F	A	K	A	O
A	N	A	T	O	M	I	J	A	Ć	O	B	G	V	Z
N	F	Y	T	E	V	O	L	U	C	I	J	A	A	A
O	S	M	O	Z	A	P	L	F	U	Đ	M	R	C	V

ANATOMIJA
BAKTERIJE
ĆELIJA
KOLAGENA
KROMOSOM
EMBRIJA
ENZIM
EVOLUCIJA
FOTOSINTEZA
HORMON
SISAVAC
MUTACIJA
PRIRODNO
ŽIVAC
NEURON
OSMOZA
BJELANČEVINA
GMAZ
SIMBIOZA
SINAPSA

46 - Beleza

J	E	L	E	G	A	N	C	I	J	A	R	Z	K	Z
J	B	N	L	T	Z	O	M	P	I	A	J	O	B	P
W	I	Y	A	T	D	P	E	R	A	K	Š	U	E	G
M	R	F	F	O	T	M	Z	O	V	N	W	L	K	J
F	R	V	R	V	P	A	S	I	R	I	M	J	Z	S
M	O	Đ	V	V	K	Š	V	Z	A	M	A	A	V	D
A	A	T	G	U	R	S	V	V	C	Š	K	Ž	U	R
S	S	S	O	E	Č	R	V	O	K	M	A	O	V	J
K	E	I	R	G	I	F	C	D	Z	N	E	K	Y	L
A	S	L	U	U	E	U	M	I	R	S	N	D	F	T
R	R	I	F	L	L	N	A	T	N	A	G	E	L	E
A	I	T	T	S	O	L	I	M	D	V	N	S	M	C
A	F	S	I	U	R	D	Z	Č	Đ	E	V	S	Y	I
K	O	Z	M	E	T	I	K	A	A	Š	A	R	M	K
O	G	L	E	D	A	L	O	A	E	N	G	B	C	R

RUŽ
KOVRČE
ŠARM
BOJA
KOZMETIKA
ELEGANTAN
ELEGANCIJA
OGLEDALO
STILIST
FOTOGENIČAN
MIRIS
MILOST
ŠMINKA
ULJA
KOŽA
PROIZVODI
MASKARA
USLUGE
ŠKARE
ŠAMPON

47 - Filantropia

A	N	Z	J	F	Z	P	E	T	M	S	T	P	J	V
G	O	L	A	B	E	R	T	O	P	S	M	O	J	E
L	V	T	I	J	F	O	N	D	O	V	I	V	F	L
O	T	S	O	N	E	R	K	S	I	P	T	I	P	I
B	S	V	D	P	F	D	O	R	A	N	K	J	R	K
A	N	J	N	J	P	E	N	G	N	L	A	E	O	O
L	A	F	I	V	E	J	L	I	C	N	T	S	G	D
N	Č	Đ	A	Y	V	C	C	A	C	Đ	N	T	R	U
O	E	P	F	H	W	U	A	J	D	A	O	I	A	Š
A	J	G	Z	M	E	A	R	I	J	B	K	Z	M	N
J	V	R	M	L	A	D	O	S	T	C	S	A	I	O
G	O	U	B	Y	E	M	Đ	I	C	C	U	Z	G	S
Đ	Č	P	L	L	S	I	L	M	N	U	Y	O	L	T
O	G	E	J	I	C	N	A	N	I	F	A	V	R	J
K	Y	J	A	V	N	O	S	T	G	H	I	I	V	Z

ZAJEDNICA
KONTAKTI
DJECA
IZAZOVI
FINANCIJE
FONDOVI
VELIKODUŠNOST
GLOBALNO
GRUPE
POVIJEST
ISKRENOST
ČOVJEČANSTVO
MLADOST
MISIJA
POTREBA
CILJEVI
NAROD
PROGRAMI
JAVNOST

48 - Ecologia

V	O	L	O	N	T	E	R	I	Đ	T	Đ	H	O	P
O	P	S	T	A	N	A	K	G	V	J	H	D	D	L
G	P	S	M	E	C	I	N	D	E	J	A	Z	R	A
L	O	Z	U	T	P	C	N	S	J	R	N	E	Ž	N
O	M	J	T	Š	Đ	R	U	C	L	G	U	W	I	I
B	O	Y	O	I	A	J	I	D	I	J	A	O	V	N
A	R	T	K	N	W	H	L	R	B	I	F	M	Z	E
L	S	A	R	A	V	Č	O	M	O	F	L	O	R	A
N	K	D	N	T	T	R	V	H	B	D	D	S	G	H
O	I	O	I	S	R	U	S	E	R	H	N	T	B	K
K	B	R	F	L	O	V	S	T	V	W	B	O	V	E
L	Y	I	B	L	A	J	I	C	A	T	E	G	E	V
I	S	R	R	A	Z	N	O	L	I	K	O	S	T	U
M	K	P	D	I	T	U	O	Y	F	W	S	Y	G	M
A	J	G	B	W	N	B	P	M	L	P	C	I	H	D

KLIMA
ZAJEDNICE
RAZNOLIKOST
VRSTA
FAUNA
FLORA
GLOBALNO
STANIŠTE
POMORSKI
PLANINE
PRIRODNO
PRIRODA
MOČVARA
BILJE
RESURSI
SUŠA
OPSTANAK
ODRŽIV
VEGETACIJA
VOLONTERI

49 - Família

H	T	G	R	J	V	Z	P	R	E	D	A	K	Đ	Z
I	Z	O	S	P	D	S	G	T	U	Ž	U	M	M	E
R	D	A	L	U	C	V	Z	Đ	B	O	N	R	L	H
M	A	T	A	N	U	O	U	E	D	A	U	P	F	U
D	J	E	C	A	G	B	A	G	K	B	K	A	J	U
V	N	A	I	R	J	A	L	H	A	Ć	D	S	L	V
H	I	G	J	H	Z	K	L	E	Ć	M	I	N	L	Đ
Y	K	O	T	A	C	A	K	T	E	T	K	R	K	Z
M	A	J	K	A	W	G	Y	E	N	A	S	O	V	T
K	Ć	R	B	F	S	U	Y	J	T	R	N	Đ	J	R
C	E	E	T	V	B	R	E	I	D	G	I	A	D	K
B	N	B	W	S	N	P	B	D	S	H	Č	K	K	D
V	Y	R	E	J	E	U	B	R	G	L	O	N	A	J
M	A	J	Č	I	N	S	K	I	A	B	G	P	R	S
I	J	F	O	V	T	S	J	N	I	T	E	J	D	P

PREDAK
BAKA
DIJETE
DJECA
SUPRUGA
KĆI
DJETINJSTVO
SESTRA
BRAT
MUŽ
MAJČINSKI
MAJKA
UNUK
OTAC
OČINSKI
ROĐAK
NEĆAKINJA
NEĆAK
TETKA
UJAK

50 - Férias #2

P	G	V	Y	P	P	A	J	H	Đ	P	O	Y	Đ	W
L	G	O	A	U	F	U	H	W	Y	L	T	T	I	I
A	Z	I	V	T	U	I	T	R	U	A	M	V	O	G
N	F	Đ	U	O	W	N	M	O	E	Ž	O	S	L	K
I	B	E	Z	V	J	J	G	N	V	A	R	E	A	D
N	V	O	K	A	T	R	A	K	L	N	E	J	K	H
E	Y	C	A	N	A	R	T	S	M	O	I	I	U	A
G	J	T	J	J	O	D	M	O	R	Z	S	C	L	Š
N	H	H	L	E	T	O	H	I	Y	N	K	A	A	A
R	E	S	T	O	R	A	N	W	Z	S	A	V	N	T
F	O	T	O	G	R	A	F	I	J	E	T	R	Č	O
O	D	R	E	D	I	Š	T	E	Z	F	T	E	A	R
K	A	M	P	I	R	A	N	J	E	S	R	Z	R	N
G	F	P	R	I	J	E	V	O	Z	B	L	E	Z	E
O	B	I	A	C	Đ	J	D	V	F	K	N	R	I	H

KAMPIRANJE
ZRAČNA LUKA
ODREDIŠTE
STRANAC
ODMOR
FOTOGRAFIJE
HOTEL
OTOK
KARTA
MORE
PLANINE
PUTOVNICA
PLAŽA
REZERVACIJE
RESTORAN
TAKSI
ŠATOR
PRIJEVOZ
PUTOVANJE
VIZA

51 - Edifícios

J	S	D	J	E	W	T	T	B	G	N	A	T	S	K
K	N	T	J	A	I	J	M	O	N	I	K	V	U	E
A	D	H	A	E	W	K	V	L	O	F	W	O	P	B
G	W	G	C	D	U	G	A	N	Y	Y	K	R	E	I
S	T	A	J	A	I	U	C	I	B	V	A	N	R	D
M	E	T	W	K	W	O	I	C	Z	U	B	I	M	P
C	U	P	N	Y	D	V	N	A	E	R	I	C	A	U
C	R	Z	F	D	T	O	R	A	N	J	N	A	R	F
P	I	L	E	T	O	H	A	Ž	A	J	A	P	K	A
F	P	V	J	J	V	Z	D	A	T	E	E	I	E	R
Š	K	O	L	A	Y	C	Z	R	S	T	T	S	T	M
W	D	V	O	R	A	C	E	A	O	I	V	U	L	A
P	Đ	I	J	J	B	P	J	G	W	T	T	J	A	T
W	E	F	O	M	G	Đ	V	D	G	Z	A	E	E	V
D	E	T	Š	I	L	A	Z	A	K	S	D	Š	B	J

STAN
KABINA
DVORAC
STAJA
KINO
ŠKOLA
STADION
FARMA
TVORNICA
GARAŽA
BOLNICA
HOTEL
MUZEJ
ZVJEZDARNICA
SUPERMARKET
KAZALIŠTE
ŠATOR
TORANJ

52 - Xadrez

G	N	O	O	G	A	K	D	B	N	K	D	N	P	N
J	I	V	O	Z	A	Z	I	L	E	J	I	B	K	A
I	M	S	R	S	C	J	J	S	D	E	T	C	R	T
C	G	Đ	P	G	P	O	A	L	J	A	I	S	A	J
U	R	R	J	V	B	E	G	I	A	H	Č	F	L	E
W	I	N	A	E	K	Č	O	T	J	R	U	P	J	C
L	N	P	A	M	A	Đ	N	A	I	U	K	A	I	A
O	R	M	H	E	V	F	A	V	G	M	J	S	C	N
C	U	C	K	J	R	T	L	O	E	A	Y	I	A	J
Z	T	R	M	I	P	N	A	V	T	R	F	V	S	E
Z	K	M	R	R	W	S	H	T	A	H	L	N	L	W
Đ	W	Z	Z	V	G	L	L	R	R	Đ	A	O	U	G
P	R	A	V	I	L	A	V	Ž	T	O	F	J	V	H
P	R	O	T	I	V	N	I	K	S	I	G	R	A	Č
T	J	E	E	C	K	V	F	Đ	Đ	Đ	R	B	D	O

UČITI
BIJELI
PRVAK
NATJECANJE
IZAZOVI
DIJAGONALA
STRATEGIJA
IGRAČ
IGRA
PROTIVNIK
PASIVNO
TOČKE
CRNA
KRALJICA
PRAVILA
KRALJ
ŽRTVOVATI
VRIJEME
TURNIR

53 - Aventura

N	Đ	P	K	H	J	F	V	P	J	M	F	P	S	O
T	E	Š	K	O	Ć	A	N	R	I	G	M	R	I	D
C	D	R	E	R	T	O	K	I	H	L	H	I	G	R
Y	I	B	E	A	S	R	O	R	E	K	R	J	U	E
H	R	A	B	R	O	S	T	O	V	O	N	A	R	D
A	G	Y	E	E	N	N	B	D	K	I	U	T	N	I
J	R	U	R	N	V	L	Č	A	E	E	J	E	O	Š
I	C	N	P	I	I	J	G	I	O	A	T	L	S	T
C	Z	K	P	T	T	E	A	R	B	P	S	J	T	E
A	B	A	T	I	K	P	D	W	V	O	A	I	Z	V
G	C	G	Z	U	A	O	B	D	C	M	E	S	L	O
I	F	C	O	O	R	T	I	Z	L	E	T	N	N	T
V	S	E	S	M	V	A	K	I	L	I	R	P	I	O
A	U	O	P	A	A	I	P	R	I	P	R	E	M	A
N	G	B	N	A	Y	J	R	A	D	O	S	T	C	O

RADOST
PRIJATELJI
AKTIVNOST
LJEPOTA
HRABROST
PRILIKA
IZAZOVI
ODREDIŠTE
TEŠKOĆA
IZLET
NEOBIČNO
ITINERAR
PRIRODA
NAVIGACIJA
NOVO
OPASNO
PRIPREMA
SIGURNOST

54 - Floresta Tropical

Z	A	J	E	D	N	I	C	A	A	O	A	S	P	Z
V	L	M	U	C	A	I	W	T	O	P	L	I	O	B
R	G	A	I	T	K	W	R	S	N	S	Đ	S	Š	V
I	N	W	F	L	O	J	V	R	O	T	O	A	T	V
J	U	G	L	R	K	Č	R	V	T	A	B	V	O	O
E	Ž	P	P	L	U	V	I	O	H	N	N	C	V	D
D	D	V	R	G	M	K	C	Š	O	A	O	I	A	O
A	H	N	I	E	C	S	K	O	T	K	V	R	N	Z
N	D	E	R	C	F	J	U	W	U	E	A	Z	J	E
A	Đ	P	O	A	V	L	K	C	A	K	C	G	E	M
G	G	M	D	O	B	L	A	C	I	S	N	I	Y	C
D	R	Đ	A	N	I	V	O	H	A	M	F	A	T	I
T	V	R	A	Z	N	O	L	I	K	O	S	T	R	P
O	Č	U	V	A	N	J	E	M	D	R	K	E	I	F
B	O	T	A	N	I	Č	K	I	Z	Y	J	C	Z	O

VODOZEMCI
BOTANIČKI
KLIMA
ZAJEDNICA
RAZNOLIKOST
VRSTA
AUTOHTONO
KUKCI
SISAVCI
MAHOVINA
PRIRODA
OBLACI
PTICE
OČUVANJE
UTOČIŠTE
POŠTOVANJE
OBNOVA
DŽUNGLA
OPSTANAK
VRIJEDAN

55 - Cidade

M	U	Z	E	J	Z	Z	K	C	C	K	B	N	G	T
S	E	K	Y	Đ	O	E	K	V	D	A	L	O	K	Š
U	U	V	P	P	O	W	B	J	O	Z	E	I	S	O
P	S	P	H	H	L	H	Z	E	P	A	T	D	V	V
E	O	J	C	V	O	Y	C	Ć	W	L	O	A	E	Y
R	L	C	A	N	Š	W	B	A	L	I	H	T	U	F
M	J	A	R	A	K	E	P	R	E	Š	B	S	Č	E
A	E	C	A	J	I	K	W	U	N	T	A	R	I	R
R	K	I	Ž	I	V	H	I	T	A	E	N	O	L	W
K	A	N	I	R	R	D	A	N	R	O	K	R	I	D
E	R	Ž	J	E	T	K	Z	O	O	Ž	A	H	Š	P
T	N	I	N	L	T	Đ	F	L	T	J	I	D	T	Đ
D	A	J	K	A	W	N	P	A	S	B	Z	Š	E	L
Z	D	N	L	G	C	M	Đ	S	E	K	S	W	T	P
Y	A	K	U	L	A	N	Č	A	R	Z	B	V	V	E

ZRAČNA LUKA
BANKA
KNJIŽNICA
KINO
ŠKOLA
STADION
LJEKARNA
CVJEĆAR
GALERIJA
HOTEL

ZOOLOŠKI VRT
KNJIŽARA
TRŽIŠTE
MUZEJ
PEKARA
RESTORAN
SALON
SUPERMARKET
KAZALIŠTE
SVEUČILIŠTE

56 - Música

M	B	J	H	C	W	T	W	J	P	M	D	J	I	G
I	I	M	W	T	K	R	M	S	J	E	K	L	M	L
N	L	K	I	Z	U	J	M	E	E	L	O	K	P	A
S	G	J	R	R	C	Đ	U	J	S	O	M	L	R	Z
T	E	F	O	O	E	Y	N	P	N	D	D	A	O	B
R	C	R	B	I	F	V	E	J	I	I	A	S	V	E
U	S	Z	Z	Đ	P	O	E	E	Č	J	L	I	I	N
M	L	I	R	S	K	I	N	V	K	A	B	Č	Z	I
E	S	R	U	N	O	K	T	A	I	P	U	N	I	K
N	Y	V	C	Đ	Y	P	R	T	D	D	M	I	R	A
T	K	T	E	M	P	O	E	I	S	A	J	T	A	V
S	N	I	M	A	N	J	E	R	Z	L	L	H	T	W
P	J	E	V	A	Č	C	P	L	A	K	Đ	A	I	V
V	O	K	A	L	N	I	Đ	T	V	S	B	F	B	K
Đ	B	R	I	T	A	M	J	A	N	O	P	S	B	U

ALBUM
BALADA
PJEVATI
PJEVAČ
KLASIČNI
ZBOR
SNIMANJE
SKLAD
IMPROVIZIRATI
INSTRUMENT
LIRSKI
MELODIJA
MIKROFON
MJUZIKL
GLAZBENIK
OPERA
PJESNIČKI
RITAM
TEMPO
VOKALNI

57 - Matemática

P	R	A	V	O	K	U	T	N	I	K	C	E	P	F
W	O	G	E	O	M	E	T	R	I	J	A	G	R	R
J	P	O	L	I	G	O	N	O	V	N	Z	M	O	A
W	F	K	O	P	S	E	G	H	K	B	P	A	M	K
L	A	C	I	M	O	K	O	I	S	U	N	R	J	C
E	K	S	P	O	N	E	N	T	I	I	T	G	E	I
P	I	A	U	T	Y	I	C	Y	M	T	P	O	R	J
D	T	A	R	J	T	N	H	P	E	R	E	L	V	A
E	E	H	D	E	I	O	K	J	T	O	R	E	V	I
Z	M	C	R	F	S	D	R	O	R	K	I	L	O	V
Đ	T	L	I	R	U	B	A	I	I	U	M	A	L	M
F	I	H	P	M	Y	T	M	R	J	T	E	R	U	U
E	R	N	Z	T	A	E	U	I	A	S	T	A	M	B
A	A	C	C	M	K	L	S	Z	P	Y	A	P	E	M
H	B	O	N	L	E	L	A	R	A	P	R	C	N	F

ARITMETIKA
KUTOVI
OPSEG
DECIMALA
PROMJER
EKSPONENT
FRAKCIJA
GEOMETRIJA
PARALELNO
PARALELOGRAM
PERIMETAR
OKOMICA
POLIGON
RADIJUS
PRAVOKUTNIK
SIMETRIJA
SUMA
TROKUT
VOLUMEN

58 - Saúde e Bem Estar #1

T	U	Đ	S	A	Y	D	K	L	V	N	N	C	J	O
M	K	O	Ž	A	P	H	D	I	C	V	I	Ž	O	Z
O	K	L	I	N	I	K	A	J	A	R	I	R	M	C
L	V	P	Y	C	C	Đ	U	E	N	A	V	I	K	A
H	I	W	S	E	O	O	Y	Č	I	I	N	S	J	O
O	Đ	J	V	O	V	Z	Y	N	S	D	N	I	T	P
R	S	K	E	L	F	E	R	I	I	K	S	U	E	U
M	V	E	P	Č	M	F	R	K	V	O	K	I	R	Š
O	E	J	I	R	E	T	K	A	B	S	G	Y	A	T
N	J	I	H	V	O	N	A	V	I	T	K	A	P	A
I	N	L	R	S	L	W	J	Y	T	I	C	B	I	N
K	A	J	W	G	N	N	T	E	F	R	P	M	J	J
G	Ž	F	L	A	L	V	I	R	U	S	U	Đ	A	E
I	R	L	C	Đ	Y	A	L	J	E	K	A	R	N	A
L	D	S	D	F	Đ	H	D	Đ	V	K	D	I	S	U

VISINA
AKTIVAN
BAKTERIJE
KLINIKA
LIJEČNIK
LJEKARNA
GLAD
LOM
NAVIKA
HORMONI
LIJEK
ŽIVCI
KOSTI
KOŽA
DRŽANJE
REFLEKS
OPUŠTANJE
TERAPIJA
LIJEČENJE
VIRUS

59 - Imigração

R	J	E	Š	E	N	J	E	L	S	E	R	T	S	P
Z	J	W	Z	K	D	E	V	H	I	C	U	F	E	R
Z	E	D	J	E	A	N	P	D	T	I	N	I	C	E
N	A	F	Č	A	S	N	I	K	U	N	I	N	O	G
T	Đ	Š	W	G	B	K	F	I	A	A	W	A	R	O
S	J	B	T	A	Đ	H	D	Z	C	R	K	N	P	V
Y	Y	F	R	I	O	O	J	E	I	G	U	C	K	A
O	U	O	E	F	T	D	H	J	J	Đ	P	I	U	R
O	D	U	G	H	Đ	A	O	L	A	P	R	R	Ć	A
K	U	R	D	J	E	C	A	B	R	I	A	A	I	N
J	J	Đ	A	E	K	T	J	L	R	N	V	N	Š	J
L	S	D	O	S	Z	A	K	O	N	E	A	J	T	E
E	R	O	K	O	L	P	O	M	O	Ć	N	E	E	Đ
A	J	I	C	A	K	I	N	U	M	O	K	J	D	I
D	O	K	U	M	E	N	T	I	F	I	H	O	E	H

UPRAVA
ODRASLI
POMOĆ
ODOBRENJE
KOMUNIKACIJA
DJECA
DOKUMENTI
STRES
FINANCIRANJE
GRANICE
KUĆIŠTE
ZAKON
JEZIK
PREGOVARANJE
ČASNIK
ROK
PROCES
ZAŠTITA
SITUACIJA
RJEŠENJE

60 - Natureza

H	Y	J	S	T	D	Ž	Đ	J	C	L	M	D	I	P
A	A	D	A	A	R	I	I	K	U	N	A	T	I	B
R	N	P	I	O	P	O	V	V	D	W	G	F	U	W
E	E	C	V	O	J	Z	P	L	O	V	L	V	F	T
L	E	D	E	N	J	A	K	S	J	T	A	M	Z	D
E	T	E	T	R	I	C	I	G	K	I	I	A	P	Y
Č	Š	R	Š	I	G	A	T	A	P	I	S	N	H	H
P	I	O	I	M	C	C	K	T	U	C	P	A	J	O
Đ	T	Z	N	D	Z	T	R	O	S	A	O	Č	G	E
Y	E	I	O	Z	K	G	A	P	T	L	K	I	Š	V
S	V	J	L	L	I	Š	Ć	E	I	B	O	M	U	N
B	S	A	K	O	J	H	S	J	N	O	J	A	M	Y
J	F	L	S	O	S	D	M	L	J	S	A	N	A	W
T	Z	R	I	J	E	K	A	I	A	F	N	I	Y	M
N	C	B	R	G	J	M	Y	L	B	F	M	D	H	H

PČELE
SKLONIŠTE
ŽIVOTINJE
ARKTIK
LJEPOTA
PUSTINJA
DINAMIČAN
EROZIJA
ŠUMA
LIŠĆE

LEDENJAK
MAGLA
OBLACI
MIRNO
RIJEKA
SVETIŠTE
DIVLJI
SPOKOJAN
TROPSKI
BITAN

61 - A Empresa

I	N	D	U	S	T	R	I	J	A	P	P	L	G	R
K	V	A	L	I	T	E	T	A	V	F	R	Đ	L	E
W	G	G	D	R	I	Z	I	C	I	V	I	Đ	O	S
P	P	R	O	I	Z	V	O	D	T	L	H	I	B	U
R	O	J	E	D	I	N	I	C	E	P	O	N	A	R
K	M	S	T	R	E	N	D	O	V	I	D	O	L	S
F	R	O	L	L	D	D	E	G	O	U	P	V	N	I
Đ	V	E	G	O	D	K	L	V	D	L	F	A	O	K
O	V	F	A	U	V	C	G	F	L	A	G	T	U	T
D	Z	O	V	T	Ć	A	U	U	U	G	A	I	B	F
U	N	W	M	E	I	N	N	O	K	A	Z	V	I	P
T	H	J	R	B	D	V	O	J	A	N	Z	A	N	B
M	J	J	K	P	W	D	N	S	E	J	S	N	A	H
N	A	P	R	E	D	A	K	I	T	E	P	E	C	P
P	R	E	Z	E	N	T	A	C	I	J	A	P	J	Đ

PREZENTACIJA
KREATIVNI
ODLUKA
GLOBALNO
INDUSTRIJA
INOVATIVAN
ULAGANJE
POSLOVANJE
MOGUĆNOST
PROIZVOD
NAPREDAK
KVALITETA
PRIHOD
RESURSI
UGLED
RIZICI
TRENDOVI
JEDINICE

62 - Doença

G	B	Z	D	Đ	N	A	S	L	J	E	D	N	O	G
I	S	L	I	U	Y	W	B	T	U	U	R	M	R	E
K	A	V	Š	F	I	E	G	E	J	P	B	E	F	N
S	O	Y	N	A	G	O	C	R	V	N	A	J	M	E
J	L	S	I	E	C	R	S	A	S	E	L	L	D	T
I	E	I	T	J	M	S	L	P	U	U	S	V	A	S
R	J	M	Đ	I	O	F	P	I	K	R	Z	A	N	K
E	I	U	I	G	N	C	K	J	G	O	A	R	E	I
T	T	N	W	R	A	Ć	W	A	W	P	R	D	G	T
K	E	I	O	E	T	I	U	C	B	A	A	Z	O	I
A	H	T	Đ	L	U	L	Z	L	O	T	Z	K	T	F
B	G	E	D	A	K	D	Đ	R	P	I	A	T	A	Z
G	I	T	Đ	A	A	Z	J	J	L	J	N	G	P	M
K	F	S	I	N	D	R	O	M	S	A	Z	D	T	I
K	R	O	N	I	Č	A	N	H	U	V	Z	Đ	S	B

AKUTAN
ALERGIJE
BAKTERIJSKI
ZARAZAN
SRCE
TIJELO
KRONIČAN
SLAB
GENETSKI
NASLJEDNO
IMUNITET
UPALA
NEUROPATIJA
KOSTI
PATOGENA
PLUĆNI
DIŠNI
ZDRAVLJE
SINDROM
TERAPIJA

63 - Aquecimento Global

P	O	A	J	I	G	R	E	N	E	D	F	V	M	P
J	V	W	L	W	U	I	J	O	V	Z	A	R	E	O
S	T	A	N	O	V	N	I	Š	T	V	O	E	Đ	S
Z	S	J	M	G	A	I	C	P	D	Z	K	K	U	L
N	V	I	D	I	W	L	A	Z	I	R	K	O	N	J
A	A	R	A	D	L	P	R	J	Y	T	M	L	A	E
N	D	T	R	B	Z	K	E	O	S	H	C	O	R	D
S	O	S	K	U	J	Đ	N	Đ	O	P	V	Š	O	I
T	N	U	T	D	R	J	E	Y	V	I	F	K	D	C
V	O	D	I	U	K	K	G	D	T	P	L	I	N	E
E	K	N	K	Ć	P	A	Ž	N	J	A	V	O	I	G
N	A	I	G	N	P	O	D	A	C	I	L	D	G	I
I	Z	L	L	O	H	O	S	A	W	W	A	I	T	Z
K	J	C	O	S	M	G	N	O	S	O	D	K	J	H
W	P	W	J	T	O	P	F	K	V	O	A	H	S	U

SADA
EKOLOŠKI
PAŽNJA
ARKTIK
ZNANSTVENIK
KLIMA
POSLJEDICE
KRIZA
PODACI
RAZVOJ
ENERGIJA
BUDUĆNOST
PLIN
GENERACIJE
VLADA
INDUSTRIJA
MEĐUNARODNI
ZAKONODAVSTVO
STANOVNIŠTVO

64 - Aviões

J	Đ	A	S	P	A	J	N	D	A	R	G	Z	I	D
A	R	E	B	L	O	T	Đ	Y	F	E	U	M	S	B
V	C	P	U	S	I	V	M	W	O	J	H	A	I	K
A	V	O	D	I	K	J	I	O	O	M	I	E	L	S
N	P	G	A	H	Z	O	E	J	S	S	G	Z	A	K
T	J	O	R	Đ	G	H	G	T	E	F	Y	E	Z	G
U	G	R	Z	R	A	K	O	Đ	A	S	E	D	A	Y
R	K	I	N	T	U	P	K	V	F	N	T	R	K	W
A	D	V	O	M	O	T	O	R	Z	W	J	R	A	N
D	V	O	L	D	V	R	I	J	E	M	E	E	Đ	E
A	I	I	A	N	A	P	U	H	A	T	I	T	I	B
S	S	B	B	K	O	R	V	L	E	O	R	Y	Đ	O
O	I	D	T	G	C	B	J	D	C	L	G	D	R	Y
P	N	G	A	S	W	A	I	A	Z	I	A	E	F	E
J	A	R	M	V	T	S	V	B	K	P	S	A	H	A

VISINA
ZRAK
SLIJETANJE
ATMOSFERA
AVANTURA
BALON
NEBO
GORIVO
IZGRADNJA
SILAZAK
SMJER
VODIK
POVIJEST
NAPUHATI
MOTOR
PUTNIK
PILOT
VRIJEME
POSADA

65 - Tipos de Cabelo

S	I	M	V	A	R	D	Z	N	E	G	U	B	C	S
N	F	P	A	V	A	Č	R	V	O	K	P	Đ	C	G
I	R	F	L	D	O	P	G	Y	O	L	G	Y	K	K
M	J	F	O	S	U	D	E	B	E	O	C	I	R	K
M	W	V	V	T	I	G	K	T	H	Đ	K	L	S	F
K	T	A	I	A	P	W	O	P	L	E	T	E	N	A
A	O	G	T	N	M	E	K	A	N	M	N	J	P	Š
T	R	V	A	A	R	A	W	B	S	S	P	I	L	U
A	B	A	R	K	W	Đ	Y	H	J	I	U	B	E	V
R	E	L	W	Č	Z	A	C	R	N	A	V	N	T	A
K	R	E	T	E	E	J	H	S	N	S	N	A	E	L
B	S	Ć	N	O	U	W	W	Đ	B	U	W	J	N	P
F	T	Z	N	S	S	W	Đ	F	R	H	A	A	I	N
M	L	S	Đ	S	S	L	L	B	L	O	D	J	C	R
A	C	U	D	Z	J	Y	A	J	Đ	U	F	S	E	N

BIJELI
SJAJAN
KOVRČE
ĆELAV
SIVA
KRATAK
KOVRČAVA
TANAK
DEBEO
PLAVUŠA

DUGO
SMEĐ
VALOVITA
SREBRO
CRNA
ZDRAV
SUHO
MEKAN
PLETENA
PLETENICE

66 - Formas

C	Z	G	U	F	P	T	I	M	L	K	O	M	O	P
I	O	B	A	R	I	A	L	O	B	R	E	P	I	H
L	V	I	G	R	R	L	R	R	V	I	G	S	D	P
I	A	Z	G	D	A	R	E	F	S	V	Z	O	P	Đ
N	L	R	H	P	M	P	L	Đ	T	U	K	O	R	T
D	A	I	F	Đ	I	O	O	J	M	L	N	E	A	Y
A	N	I	H	G	D	Y	W	L	M	J	Đ	U	V	W
R	L	A	J	K	A	F	P	L	I	A	K	C	O	K
K	O	N	U	S	N	Z	W	B	U	G	U	R	K	E
T	P	W	C	T	A	R	D	A	V	K	O	F	U	L
D	C	N	R	E	R	Z	D	M	V	W	C	N	T	I
R	H	D	T	O	T	Đ	A	Z	F	U	Đ	Y	N	P
G	C	H	A	U	S	B	J	I	K	Y	E	E	I	S
B	U	T	I	K	K	R	V	R	Z	Z	R	G	K	A
N	G	Y	F	G	G	R	R	P	E	Z	N	Z	V	P

LUK
KUT
CILINDAR
KRUG
KONUS
KOCKA
KRIVULJA
ELIPSA
SFERA
HIPERBOLA
STRANA
CRTA
OVALAN
PIRAMIDA
POLIGON
PRIZMA
KVADRAT
PRAVOKUTNIK
TROKUT

67 - Criatividade

I	I	N	V	I	T	N	E	V	N	I	E	P	A	A
N	N	D	S	I	V	W	I	M	Y	J	Đ	Z	L	U
S	T	R	P	M	E	T	C	Z	A	N	N	I	O	T
P	E	A	O	F	H	P	R	Z	R	Š	P	Z	U	E
I	N	M	N	M	T	S	O	N	L	A	T	I	V	N
R	Z	A	T	A	Ć	O	N	S	A	J	Z	A	D	T
A	I	T	A	J	T	S	O	N	D	I	U	L	F	I
C	T	I	N	O	G	J	A	Ć	E	J	S	O	U	Č
I	E	Č	O	D	E	E	S	L	I	K	A	P	J	N
J	T	A	E	S	V	Ć	J	B	P	H	S	N	N	O
A	Z	N	E	Y	I	A	N	I	T	Š	E	J	V	S
V	I	Z	I	J	E	J	Z	O	C	Y	T	I	P	T
R	I	B	T	W	O	E	U	R	I	O	S	H	I	O
U	M	J	E	T	N	I	Č	K	I	V	M	Đ	A	U
I	N	T	U	I	C	I	J	A	D	F	C	E	M	Y

UMJETNIČKI
AUTENTIČNOST
JASNOĆA
DRAMATIČAN
EMOCIJE
SPONTANO
IZRAZ
FLUIDNOST
VJEŠTINA
SLIKA
MAŠTA
DOJAM
INSPIRACIJA
INTENZITET
INTUICIJA
INVENTIVNI
OSJEĆAJ
OSJEĆAJE
VIZIJE
VITALNOST

68 - Dias e Meses

L	U	V	P	O	N	E	D	J	E	L	J	A	K	E
Z	I	N	E	D	U	T	S	M	J	E	S	E	C	F
F	D	S	L	L	I	P	P	K	L	C	J	U	E	W
W	Đ	Đ	T	F	J	N	A	P	I	L	O	V	J	U
H	H	I	J	O	T	A	I	J	N	A	V	A	R	T
Z	E	K	N	Z	P	R	Č	N	P	E	T	A	K	Z
C	L	C	A	Đ	F	A	C	A	N	I	S	O	R	P
B	B	H	D	A	R	D	D	P	Đ	K	Č	Z	S	N
S	I	J	E	Č	A	N	J	R	D	O	E	U	O	E
S	R	U	J	A	N	E	G	S	A	L	T	H	B	D
S	U	O	T	W	Đ	L	H	R	F	O	V	O	O	J
M	T	B	U	F	A	A	D	P	T	V	R	A	V	E
I	F	P	O	J	M	K	K	A	R	O	T	U	W	L
K	C	U	M	T	C	I	J	N	V	Z	A	J	G	J
D	W	K	S	C	A	N	I	D	O	G	K	O	L	A

TRAVANJ
KOLOVOZ
GODINA
KALENDAR
PROSINAC
NEDJELJA
VELJAČA
SIJEČANJ
SRPANJ
LIPANJ
MJESEC
STUDENI
LISTOPAD
ČETVRTAK
SUBOTA
PONEDJELJAK
TJEDAN
RUJAN
PETAK
UTORAK

69 - Saúde e Bem Estar #2

D	A	J	I	G	R	E	L	A	N	J	N	H	U	Z
K	N	T	I	J	E	L	O	Y	Ž	U	R	G	K	D
I	A	E	R	I	R	V	B	A	Y	A	C	A	E	R
H	T	V	K	A	H	N	Y	J	Y	Z	S	R	G	A
H	O	R	A	T	S	J	I	I	Z	N	Y	A	S	V
I	M	K	J	R	F	P	I	R	Z	J	I	U	M	Z
G	I	K	I	L	O	L	O	O	A	A	E	Z	T	T
I	J	M	C	L	T	P	U	L	H	V	T	G	A	E
J	A	H	K	H	S	N	O	A	O	P	I	H	B	Ž
E	L	G	E	N	E	T	I	K	A	Ž	T	Y	U	I
N	W	J	F	C	L	C	H	T	L	P	E	A	S	N
A	U	G	N	R	O	Y	Z	W	C	A	P	N	T	A
L	W	P	I	H	B	O	L	N	I	C	A	D	J	D
D	I	J	E	T	A	J	I	G	R	E	N	E	M	E
V	I	T	A	M	I	N	P	R	O	B	A	V	A	W

ALERGIJA
ANATOMIJA
APETIT
KALORIJA
TIJELO
DIJETA
PROBAVA
BOLEST
ENERGIJA
GENETIKA
HIGIJENA
BOLNICA
RASPOLOŽENJE
INFEKCIJA
MASAŽA
TEŽINA
OPORAVAK
KRV
ZDRAV
VITAMIN

70 - Geografia

G	Z	G	O	C	A	O	H	J	V	Y	W	S	K	M
U	P	D	R	V	R	C	D	V	D	A	I	V	O	E
S	A	L	T	A	T	E	Š	U	R	K	R	I	N	R
P	T	J	U	G	D	A	J	I	G	E	R	J	T	I
O	R	P	R	R	Y	N	R	E	R	J	E	E	I	D
D	A	E	L	O	T	O	K	B	E	I	T	T	N	I
R	K	D	W	A	N	I	S	I	V	R	N	D	E	J
U	Z	N	L	T	N	S	J	E	V	E	R	A	N	A
Č	J	S	M	T	Y	I	M	U	I	D	M	P	T	N
J	E	O	J	I	Y	T	N	V	S	H	J	A	A	R
E	W	F	E	R	S	O	Y	A	O	D	R	Z	L	B
D	H	E	M	I	S	F	E	R	A	J	L	M	E	Z
U	J	M	R	K	G	H	Z	V	Y	O	K	O	P	I
L	Z	R	P	T	K	K	M	D	L	L	K	R	E	V
R	D	K	D	Đ	E	V	G	C	Đ	U	C	E	N	D

- VISINA
- ATLAS
- GRAD
- KONTINENT
- HEMISFERA
- OTOK
- ŠIRINA
- KARTA
- MORE
- MERIDIJAN
- PLANINA
- SVIJET
- SJEVER
- OCEAN
- ZAPAD
- ZEMLJA
- REGIJA
- RIJEKA
- JUG
- PODRUČJE

71 - Antártica

B	F	L	Y	U	Z	H	Z	H	P	L	H	K	T	E
U	J	L	E	D	O	Š	N	E	I	C	Y	I	E	K
K	V	O	T	O	C	I	A	U	N	J	J	S	M	S
O	Z	A	J	Y	Đ	L	N	Đ	G	W	O	T	P	P
N	S	J	L	M	H	O	S	P	V	K	J	R	E	E
Z	M	I	Y	A	J	K	T	R	I	L	G	A	R	D
E	I	C	E	J	K	O	V	K	N	Đ	L	Ž	A	I
R	N	A	M	I	Y	E	E	V	I	I	T	I	T	C
V	E	R	N	F	C	T	N	B	O	O	A	V	U	I
A	R	G	Z	A	L	J	E	V	R	D	A	A	R	J
C	A	I	B	R	H	D	A	B	J	E	A	Č	A	A
I	L	M	A	G	L	E	D	E	N	J	A	C	I	N
J	I	Z	L	O	P	O	L	U	O	T	O	K	J	U
A	T	T	N	E	N	I	T	N	O	K	S	M	S	R
R	H	Đ	D	G	S	T	J	E	N	O	V	I	T	A

OKOLIŠ
VODA
ZALJEV
ZNANSTVEN
KONZERVACIJA
KONTINENT
UVALA
EKSPEDICIJA
LEDENJACI
LED
GEOGRAFIJA
OTOCI
ISTRAŽIVAČ
MIGRACIJA
MINERALI
POLUOTOK
PINGVINI
STJENOVITA
TEMPERATURA

72 - Flores

N	U	R	H	A	N	I	L	E	T	E	J	D	T	O
W	A	D	N	A	V	A	L	J	E	U	G	P	B	Đ
W	C	R	U	Ž	O	B	W	W	I	U	K	R	U	S
C	I	S	C	P	F	I	K	H	V	L	T	P	K	U
R	Č	M	N	I	M	S	A	J	K	R	J	B	E	N
K	N	F	H	H	S	A	C	I	T	A	L	A	T	C
Z	I	E	R	K	C	U	S	W	R	Ž	H	P	N	O
C	T	K	T	O	J	K	M	L	F	U	Z	D	O	K
M	A	G	N	O	L	I	J	A	A	R	M	Y	R	R
W	R	I	B	K	J	L	W	L	M	Č	C	N	H	E
T	T	G	A	R	D	E	N	I	J	A	A	Y	I	T
H	I	B	I	S	K	U	S	L	M	W	J	K	D	O
T	U	L	I	P	A	N	B	W	N	G	A	A	E	H
P	L	U	M	E	R	I	J	A	O	M	M	M	J	K
L	M	N	P	Y	I	J	Z	L	O	E	U	M	A	M

BUKET
MASLAČAK
GARDENIJA
SUNCOKRET
HIBISKUS
JASMIN
LAVANDA
LILA
LJILJAN
MAGNOLIJA
TRATINČICA
NARCIS
ORHIDEJA
MAK
BOŽUR
LATICA
PLUMERIJA
RUŽA
DJETELINA
TULIPAN

73 - Fazenda #1

V	A	J	Y	R	I	A	S	L	A	H	O	P	Z	Z
T	E	L	E	O	D	T	M	A	S	J	N	O	K	Y
J	C	D	S	J	E	J	L	O	P	K	S	L	S	J
Đ	O	R	R	O	M	V	O	S	O	N	E	J	I	S
O	G	R	A	D	A	A	N	A	R	V	L	O	V	H
J	V	Y	J	L	B	D	G	P	Y	R	S	P	Z	P
S	K	W	W	G	V	O	O	A	Ž	I	R	R	M	Č
M	T	K	O	Z	A	V	I	K	R	E	M	I	H	E
K	Z	A	C	D	J	U	P	Č	C	A	E	V	B	L
A	R	B	D	V	N	V	H	A	H	J	C	R	R	A
K	Z	A	E	O	I	G	A	M	B	P	Y	E	S	U
N	Y	C	V	O	V	I	J	O	N	G	Đ	D	R	D
E	G	R	I	A	S	U	H	V	I	Đ	Z	A	Z	E
P	I	L	E	T	I	N	A	Z	U	H	P	H	Đ	S
P	Y	F	H	N	J	F	J	L	D	B	D	I	I	E

PČELA
POLJOPRIVREDA
RIŽA
VODA
TELE
MAGARAC
KOZA
POLJE
KONJ
PAS
OGRADA
VRANA
SIJENO
GNOJIVO
PILETINA
MAČKA
MED
SVINJA
STADO
KRAVA

74 - Livros

A	C	I	N	A	R	T	S	P	E	A	U	Y	U	R
K	V	T	A	D	W	T	S	O	N	L	A	U	D	O
R	I	A	T	P	I	N	S	E	J	I	V	O	P	M
I	N	M	N	P	U	A	D	Z	J	C	H	O	K	A
B	V	S	A	T	R	J	H	I	J	R	S	U	Y	N
Z	E	E	V	S	U	I	W	J	N	T	J	J	H	G
L	N	J	E	W	D	R	Č	A	F	K	C	O	H	P
W	T	P	L	O	K	E	A	A	C	S	J	P	R	H
R	I	Đ	E	J	C	S	T	S	K	E	T	N	O	K
V	V	I	R	O	Z	Z	I	A	U	T	O	R	C	Z
F	N	D	N	I	U	V	Č	Z	H	V	U	P	U	Y
K	I	P	R	I	P	O	V	J	E	D	A	Č	J	A
N	A	P	I	S	A	N	T	R	A	G	I	Č	N	O
Z	I	Y	J	C	D	G	K	Đ	V	Z	U	B	R	M
L	I	T	E	R	A	R	N	I	T	R	K	F	S	K

AUTOR
AVANTURA
ZBIRKA
KONTEKST
DUALNOST
NAPISAN
EP
PRIČA
POVIJESNI
INVENTIVNI
ČITAČ
LITERARNI
PRIPOVJEDAČ
STRANICA
PJESMA
POEZIJA
RELEVANTAN
ROMAN
SERIJA
TRAGIČNO

75 - Chocolate

D	W	H	I	K	K	I	K	I	R	I	K	I	J	U
S	Đ	Z	F	V	V	H	G	N	G	P	J	I	V	B
V	Đ	Z	Z	P	L	A	U	V	V	L	O	T	M	G
O	N	S	U	K	U	R	L	I	U	Y	T	L	P	C
K	M	K	L	D	Z	P	S	I	M	B	S	L	S	A
T	C	I	P	R	R	G	U	W	T	V	R	L	U	D
A	L	T	L	S	E	E	L	H	A	E	K	H	K	K
L	R	M	E	J	Ć	C	B	H	F	G	T	I	U	A
S	M	K	J	A	E	K	E	A	M	O	R	A	S	R
N	O	Đ	I	G	Š	N	O	P	O	R	O	W	U	A
Y	M	C	R	I	U	F	I	A	T	A	F	O	K	M
E	G	Z	O	T	I	Č	N	O	A	K	A	K	O	E
W	S	V	L	S	A	S	T	O	J	A	K	V	E	L
M	J	J	A	E	Z	A	N	A	T	S	K	I	I	A
Y	J	A	K	J	K	O	K	O	S	F	E	J	C	V

ŠEĆER
GORAK
KIKIRIKI
AROMA
ZANATSKI
KAKAO
KALORIJE
KARAMELA
KOKOS
JESTI

UKUSNO
SLATKO
EGZOTIČNO
OMILJENI
UKUS
SASTOJAK
PRAH
KVALITETA
RECEPT
OKUS

76 - Governo

M	K	N	Đ	E	R	R	N	T	L	P	V	I	T	Y
A	I	K	S	N	A	Đ	A	R	G	O	S	O	Z	U
O	N	R	C	S	Đ	N	Z	V	M	L	I	D	Đ	O
H	E	N	N	A	G	V	Y	R	D	I	M	H	U	A
U	M	J	F	O	I	I	K	W	F	T	B	L	T	N
C	O	M	U	K	C	P	S	Y	B	I	O	K	K	E
Đ	P	N	O	L	V	N	E	P	I	K	L	D	I	Z
M	S	V	P	Y	A	U	I	D	I	A	Z	V	K	A
U	J	Z	R	L	Z	A	K	O	N	D	P	E	S	V
J	W	Z	A	J	I	C	A	R	K	O	M	E	D	I
G	U	A	V	A	R	P	S	A	R	B	U	O	U	S
F	O	R	D	T	Z	F	C	N	O	O	S	K	S	N
J	A	V	A	Ž	R	D	B	Y	C	L	T	R	J	O
S	T	S	O	K	A	N	D	E	J	S	A	U	J	S
J	B	I	U	R	K	K	N	I	N	P	V	G	S	T

GRAĐANSKI
USTAV
DEMOKRACIJA
GOVOR
RASPRAVA
OKRUG
DRŽAVA
JEDNAKOST
NEZAVISNOST
SUDSKI
PRAVDA
ZAKON
SLOBODA
VOĐA
SPOMENIK
NAROD
MIRNO
POLITIKA
SIMBOL

77 - Jardinagem

V	P	C	Y	C	D	T	A	D	O	V	E	W	L	G
L	R	W	V	S	K	O	N	T	E	J	N	E	R	L
A	L	R	A	I	Z	L	G	S	S	G	S	Ć	N	B
G	J	H	T	T	J	T	T	O	Z	R	P	Š	I	U
A	A	S	F	S	V	E	Z	P	H	H	V	I	K	K
U	V	C	E	M	E	M	T	M	M	Y	Đ	L	Č	E
K	Š	R	J	Z	J	W	S	O	Z	Y	F	Y	I	T
L	T	I	E	H	O	I	I	K	A	Z	K	J	N	F
I	I	J	S	H	W	N	L	V	O	Ć	N	J	A	K
M	N	E	T	I	K	T	S	Y	I	Đ	I	O	T	R
A	A	V	I	N	U	E	C	K	H	I	B	O	O	W
D	R	O	V	D	F	J	H	O	I	T	T	P	B	T
W	P	Y	O	N	F	V	S	J	E	M	E	N	K	E
K	Y	Đ	D	S	B	C	V	J	C	G	K	Z	W	I
E	G	Z	O	T	I	Č	N	O	Đ	C	S	Z	U	P

VODA
BOTANIČKI
BUKET
KLIMA
JESTIVO
KOMPOST
VRSTA
EGZOTIČNO
CVIJET
CVJETNI
LIST
LIŠĆE
CRIJEVO
VOĆNJAK
KONTEJNER
SEZONSKI
SJEMENKE
TLO
PRLJAVŠTINA
VLAGA

78 - Profissões #2

H	P	U	P	C	R	A	K	I	L	S	J	J	A	Č
N	H	E	U	A	T	O	S	U	L	M	E	F	B	A
D	O	I	O	S	Z	N	T	V	L	K	Z	D	I	V
F	E	V	Z	M	Đ	V	L	A	F	L	I	H	O	I
I	Đ	T	I	R	O	W	R	E	R	F	K	O	L	Ž
L	Z	O	E	N	F	A	R	G	O	T	O	F	O	A
O	U	L	Z	K	A	E	B	A	W	U	S	T	G	R
Z	B	I	R	W	T	R	V	P	V	Č	L	U	D	T
O	A	P	G	M	L	I	N	N	R	I	O	K	L	S
F	R	S	N	Z	F	W	V	S	T	T	V	I	Z	I
I	Z	U	M	I	T	E	L	J	L	E	A	R	O	N
I	N	Ž	E	N	J	E	R	M	A	L	C	U	O	B
A	S	T	R	O	N	A	U	T	R	J	E	R	L	Đ
K	N	J	I	Ž	N	I	Č	A	R	V	T	G	O	Z
F	U	L	J	L	I	J	E	Č	N	I	K	J	G	D

ASTRONAUT
KNJIŽNIČAR
BIOLOG
KIRURG
ZUBAR
DETEKTIV
INŽENJER
FILOZOF
FOTOGRAF
ILUSTRATOR
IZUMITELJ
ISTRAŽIVAČ
VRTLAR
NOVINAR
JEZIKOSLOVAC
LIJEČNIK
PILOT
SLIKAR
UČITELJ
ZOOLOG

79 - Café

M	N	U	B	I	R	Z	G	S	P	K	Z	S	Š	S
P	O	D	R	I	J	E	T	L	O	I	Y	D	E	A
S	R	K	J	U	T	R	O	N	G	B	Ć	T	Ć	M
J	A	A	E	E	Đ	E	T	Z	O	B	H	E	E	L
B	Z	R	I	J	L	S	R	T	J	O	K	Z	R	J
L	N	O	U	C	I	G	Đ	T	R	A	L	O	A	E
Z	O	G	M	M	L	L	N	T	P	R	Z	F	T	T
K	L	H	Đ	C	Đ	C	M	O	T	I	J	J	L	I
O	I	Đ	Đ	Š	N	I	K	I	K	C	Y	M	I	G
F	K	C	A	A	P	J	D	F	D	U	S	T	F	V
E	O	H	A	L	K	E	S	Z	A	E	S	M	W	D
I	S	Đ	W	I	E	N	A	N	E	Ž	R	P	Z	G
N	T	Y	I	C	F	A	N	I	Ć	U	K	E	T	A
F	V	J	L	A	M	O	R	A	D	O	V	C	E	E
P	M	K	T	N	B	H	C	K	R	E	M	A	Đ	M

ŠEĆER
GORAK
AROMA
PRŽENA
VODA
PIĆE
KOFEIN
ŠALICA
KREMA
FILTAR
MLIJEKO
TEKUĆINA
JUTRO
SAMLJETI
PODRIJETLO
CIJENA
CRNA
OKUS
RAZNOLIKOST

80 - Negócios

C	M	W	T	Y	L	J	S	W	W	H	V	N	U	D
D	A	B	S	K	A	K	T	R	V	T	Đ	O	R	O
R	U	K	I	N	E	L	S	O	P	A	Z	V	E	B
N	G	Ć	I	F	V	F	U	B	A	S	Đ	A	D	I
Đ	K	Y	A	F	K	D	P	A	E	J	S	C	E	T
Đ	L	U	W	N	E	P	O	R	E	Z	I	K	Đ	J
K	A	J	A	D	O	R	P	H	B	M	R	M	O	K
V	A	L	U	T	A	G	A	C	I	N	R	O	V	T
P	R	O	R	A	Č	U	N	T	I	R	G	K	V	I
F	I	N	A	N	C	I	J	E	R	O	P	K	D	D
U	L	A	G	A	N	J	E	B	O	O	Y	O	U	F
B	P	O	S	L	O	D	A	V	A	C	Š	N	U	V
K	A	R	I	J	E	R	A	M	G	O	T	A	K	U
F	D	E	Y	E	B	A	J	I	M	O	N	O	K	E
U	Đ	K	Đ	C	R	I	M	D	E	T	S	W	U	W

KARIJERA
TROŠAK
POPUST
NOVAC
EKONOMIJA
ZAPOSLENIK
POSLODAVAC
TVRTKA
URED
TVORNICA
FINANCIJE
POREZI
ULAGANJE
DUĆAN
DOBIT
ROBA
VALUTA
PRORAČUN
PRIHOD
PRODAJA

81 - Fazenda #2

F	Y	J	E	G	Ž	V	D	M	U	J	K	P	T	M
O	C	D	D	H	F	I	O	L	E	R	Z	O	R	L
A	W	Z	A	O	V	C	V	Ć	T	C	G	V	A	I
K	O	Š	N	I	C	A	Z	O	N	E	I	R	K	J
T	F	J	I	I	S	R	U	O	T	J	L	Ć	T	E
A	R	S	T	J	V	I	R	Z	L	I	A	E	O	K
P	N	M	E	Z	K	T	U	A	U	U	N	K	R	O
N	G	O	J	G	U	S	K	E	C	V	O	J	Y	C
R	G	Y	N	F	J	A	U	Ć	L	T	H	A	E	J
Y	Đ	G	A	V	U	P	K	O	F	R	P	V	G	L
W	P	M	J	B	L	W	J	V	H	T	K	C	S	I
E	R	E	A	S	A	J	A	T	S	Đ	D	G	Z	V
C	Đ	T	W	Č	M	L	Z	M	H	R	C	A	T	A
U	A	C	I	N	E	Š	P	O	T	M	W	A	K	D
N	A	V	O	D	N	J	A	V	A	N	J	E	A	A

ŽIVOTINJE
STAJA
JEČAM
KOŠNICA
JANJETINA
VOĆE
GUSKE
NAVODNJAVANJE
MLIJEKO
LAME
ZRELO
KUKURUZ
OVCE
PASTIR
PATKA
VOĆNJAK
LIVADA
TRAKTOR
PŠENICA
POVRĆE

82 - Jardim

G	K	W	Y	Y	M	T	T	M	C	Đ	T	U	F	M
Đ	A	P	U	L	K	V	R	T	V	Đ	R	F	N	J
T	J	R	T	R	I	J	E	M	I	O	A	G	R	M
P	N	B	A	Ć	E	S	I	V	J	O	V	D	S	V
Đ	Ć	C	E	Ž	E	D	A	F	E	G	N	N	J	K
O	O	L	T	C	A	Z	O	L	T	R	J	P	U	H
L	V	R	I	B	N	J	A	K	W	A	A	A	L	B
A	O	V	R	D	L	N	G	P	L	D	K	H	P	P
S	V	P	H	T	Y	D	H	G	K	A	E	L	G	D
Đ	E	T	A	S	A	R	E	T	R	J	Đ	H	D	C
H	J	F	S	T	S	P	W	T	O	A	L	D	O	T
Đ	I	H	G	S	A	T	R	A	V	A	B	Đ	G	W
T	R	A	M	P	O	L	I	N	O	V	B	L	F	M
P	C	P	Đ	G	Đ	I	M	U	Z	Z	A	F	J	T
A	J	V	C	R	O	R	N	J	Z	C	S	U	B	E

GRABLJE
GRM
DRVO
KLUPA
OGRADA
CVIJET
GARAŽA
TRAVA
TRAVNJAK
VRT
RIBNJAK
VISEĆA
CRIJEVO
LOPATA
VOĆNJAK
TLO
TERASA
TRAMPOLIN
TRIJEM
LOZA

83 - Oceano

Z	D	F	O	U	W	E	L	I	H	Đ	C	E	R	M
K	F	S	L	O	A	G	E	M	O	F	N	R	A	E
Đ	N	Y	J	Č	A	M	A	C	B	Y	D	G	K	D
K	O	S	Y	P	W	B	T	N	O	G	H	M	Z	U
Z	A	O	L	U	J	A	I	S	T	T	C	Đ	D	Z
O	G	M	T	O	Z	S	K	R	N	I	P	U	D	A
J	Y	G	E	G	L	A	K	R	I	P	M	A	K	Š
S	E	M	B	N	W	K	G	E	C	O	L	N	T	M
M	M	G	G	N	I	S	Z	G	A	N	U	T	R	I
L	Y	L	U	Z	H	C	K	O	R	A	L	J	A	C
R	Đ	Y	M	L	P	S	A	S	P	U	Ž	V	A	B
W	O	O	P	F	J	G	R	E	B	E	N	S	O	L
T	H	H	O	F	B	A	K	O	R	N	J	A	Č	A
P	L	I	M	E	M	O	R	S	K	I	P	A	S	Đ
O	Z	D	B	Y	N	A	D	S	F	P	W	N	N	Z

ALGE
TUNA
KIT
ČAMAC
ŠKAMPI
RAK
KORALJA
JEGULJA
SPUŽVA
DUPIN
PLIME
MEDUZA
KAMENICA
RIBA
HOBOTNICA
GREBEN
SOL
KORNJAČA
OLUJA
MORSKI PAS

84 - Profissões #1

T	E	Z	L	A	T	A	R	K	F	V	C	E	V	G
Z	S	K	I	N	E	B	Z	A	L	G	A	G	A	U
M	O	I	V	M	O	N	O	R	T	S	A	E	T	J
M	O	R	N	A	R	W	K	T	A	N	Y	O	R	Z
C	T	W	O	A	Z	T	N	O	J	A	E	L	O	U
S	B	A	S	L	J	C	Y	G	G	S	Z	O	G	M
T	D	G	I	R	B	I	Đ	R	G	I	O	G	A	J
U	R	E	D	N	I	K	P	A	V	J	D	Đ	S	E
K	R	O	J	A	Č	T	N	F	Đ	P	V	L	A	T
R	S	P	O	R	T	A	Š	J	Z	S	J	V	C	N
Z	G	O	L	O	H	I	S	P	E	E	E	U	O	I
C	Đ	R	O	D	A	S	A	B	M	A	T	K	K	K
P	Đ	O	V	K	I	N	E	V	T	S	N	A	N	Z
G	N	J	A	B	A	N	K	A	R	U	I	H	N	V
L	S	A	C	I	Č	A	S	E	L	P	K	H	K	R

ODVJETNIK
KROJAČ
UMJETNIK
ASTRONOM
SPORTAŠ
BANKAR
VATROGASAC
LOVAC
KARTOGRAF
ZNANSTVENIK

PLESAČICA
UREDNIK
AMBASADOR
GEOLOG
ZLATAR
MORNAR
GLAZBENIK
PIJANIST
PSIHOLOG

85 - Força e Gravidade

U	N	I	V	E	R	Z	A	L	A	N	G	T	O	J
I	U	P	H	Đ	M	F	C	S	W	F	R	E	T	S
C	F	I	Z	I	K	A	S	U	P	S	Y	Ž	K	H
A	E	V	R	I	J	E	M	E	D	Đ	G	I	R	Z
L	P	N	Z	F	T	Y	D	U	C	A	P	N	I	D
U	R	D	T	E	D	G	H	W	Y	I	R	A	Ć	I
D	O	Z	P	A	V	T	S	J	O	V	S	A	E	N
A	Š	E	T	E	R	K	O	P	P	I	I	F	C	A
L	I	E	H	E	W	F	V	C	F	H	P	V	G	M
J	R	I	B	U	M	A	T	J	L	A	Đ	D	F	I
E	E	L	P	R	Y	P	L	A	N	E	T	E	F	Č
N	N	S	E	I	Z	P	T	R	E	N	J	E	J	A
O	J	L	M	A	Z	I	T	E	N	G	A	M	Y	N
S	E	L	V	A	K	I	N	A	H	E	M	V	H	I
T	O	R	B	I	T	A	K	A	S	I	T	I	R	P

TRENJE
CENTAR
OTKRIĆE
DINAMIČAN
UDALJENOST
OS
PROŠIRENJE
FIZIKA
UDARAC
MAGNETIZAM
MEHANIKA
POKRET
ORBITA
TEŽINA
PLANETE
PRITISAK
SVOJSTVA
BRZINA
VRIJEME
UNIVERZALAN

86 - Abelhas

S	R	A	Z	N	O	L	I	K	O	S	T	B	O	I
T	T	B	G	Y	D	C	V	I	J	E	T	S	M	Đ
O	F	A	C	I	N	Š	O	K	E	M	C	R	K	M
C	E	C	N	U	S	L	M	K	T	N	Đ	P	R	Z
S	A	I	K	I	M	I	D	U	L	E	P	J	I	G
P	Đ	J	U	V	Š	E	Ć	E	J	I	V	C	L	A
J	K	L	K	O	E	T	D	S	O	L	M	H	A	B
T	D	A	A	Ć	M	Đ	E	B	R	Y	E	K	T	M
G	W	R	C	E	K	E	K	O	S	U	S	T	A	V
G	J	K	I	W	O	N	I	Đ	F	D	C	Z	E	P
D	K	O	P	T	R	U	E	U	U	W	R	C	Y	C
Z	U	Y	M	O	I	U	Y	R	Y	Đ	B	K	J	J
T	Đ	O	W	H	S	B	Đ	Đ	N	V	D	Y	L	T
I	H	E	Z	K	N	O	S	I	Đ	D	R	E	J	Z
V	O	S	A	K	O	B	I	L	J	E	P	T	O	K

KRILA
KORISNO
VOSAK
KOŠNICA
RAZNOLIKOST
EKOSUSTAV
ROJ
CVIJET
CVIJEĆE
VOĆE

DIM
STANIŠTE
KUKAC
VRT
MED
BILJE
PELUD
KRALJICA
SUNCE

87 - Ciência

M	K	E	T	H	O	F	P	A	I	P	G	E	L	M
I	H	L	H	I	S	L	R	T	R	U	O	V	A	J
N	K	N	F	P	S	V	O	O	P	S	D	O	B	T
E	S	S	D	O	E	K	M	M	D	L	S	L	O	V
R	P	U	U	T	Đ	U	A	M	I	L	K	U	R	G
A	D	O	T	E	M	A	T	K	R	M	D	C	A	R
L	E	F	M	Z	Y	Đ	R	D	I	A	L	I	T	A
I	L	D	G	A	T	A	A	S	C	Z	U	J	O	V
S	U	Z	W	A	A	K	N	S	A	I	I	A	R	I
D	K	M	E	I	Z	S	J	N	D	N	F	F	I	T
Č	E	S	T	I	C	E	E	R	O	A	O	J	J	A
D	L	P	R	I	R	O	D	A	P	G	S	I	R	C
F	O	B	I	L	J	E	Đ	B	F	R	I	Y	F	I
N	M	K	E	M	I	J	S	K	I	O	L	G	F	J
Č	I	N	J	E	N	I	C	A	A	C	W	D	S	A

ATOM
KLIMA
PODACI
EVOLUCIJA
ČINJENICA
FIZIKA
FOSIL
GRAVITACIJA
HIPOTEZA
LABORATORIJ
METODA
MINERALI
MOLEKULE
PRIRODA
PROMATRANJE
ORGANIZAM
ČESTICE
BILJE
KEMIJSKI

88 - Comida #1

J	K	A	U	M	B	L	C	C	T	I	G	G	D	K
E	M	N	I	A	D	O	G	A	J	O	V	L	T	I
Č	O	C	H	V	Z	J	S	Đ	Z	B	R	M	E	K
A	N	U	T	K	O	S	N	I	C	K	Đ	T	G	I
M	Y	C	O	R	R	E	P	A	L	A	Y	G	A	R
N	D	K	K	M	P	S	U	H	E	J	U	R	O	I
C	I	M	E	T	R	O	U	U	T	N	A	V	S	K
A	D	G	J	Š	I	L	E	J	M	Š	C	K	A	I
Z	G	T	I	A	P	H	N	M	G	E	I	U	L	S
F	Y	D	L	J	O	I	B	W	Đ	Č	L	L	A	K
Đ	T	S	M	W	A	G	N	R	E	Ć	E	Š	T	M
L	I	M	U	N	U	O	M	A	V	V	R	S	A	J
E	B	N	Y	T	G	N	I	R	T	C	A	E	F	O
Z	S	H	D	K	Z	L	O	R	A	H	M	L	E	D
A	Y	Y	J	T	R	E	V	W	K	B	C	S	H	Z

ŠEĆER
ČEŠNJAK
KIKIRIKI
TUNA
TORTA
CIMET
LUK
MRKVA
JEČAM
MARELICA
ŠPINAT
MLIJEKO
LIMUN
BOSILJAK
JAGODA
REPA
SOL
SALATA
JUHA
SOK

89 - Geometria

N	R	S	W	Đ	P	P	O	V	R	Š	I	N	A	D
K	V	I	S	I	N	A	Y	O	E	A	O	A	K	I
F	U	M	Z	K	L	S	I	N	J	K	K	J	I	M
H	Z	T	U	K	O	R	T	S	M	K	O	I	G	E
H	U	A	D	A	H	H	E	A	O	O	M	D	O	N
I	W	B	A	J	L	U	V	I	R	K	I	E	L	Z
B	O	Ž	V	I	D	J	R	K	P	E	T	M	D	I
V	O	D	O	R	A	V	A	N	I	Y	Y	B	Đ	J
U	F	A	S	T	H	J	C	I	Z	M	A	S	A	A
S	L	N	H	E	A	J	I	C	R	O	P	O	R	P
P	V	D	L	M	G	B	S	T	A	B	E	O	U	L
P	V	E	H	I	R	M	G	D	Č	K	U	A	S	K
M	K	J	S	S	Đ	C	E	I	U	R	A	A	I	T
T	E	O	R	I	J	A	C	N	N	U	M	F	C	A
P	A	R	A	L	E	L	N	O	T	G	T	W	I	W

VISINA
KUT
IZRAČUN
KRUG
KRIVULJA
PROMJER
DIMENZIJA
JEDNADŽBA
VODORAVAN
LOGIKA
MASA
MEDIJAN
PARALELNO
PROPORCIJA
SEGMENT
SIMETRIJA
POVRŠINA
TEORIJA
TROKUT
OKOMIT

90 - Pássaros

P	P	Đ	Z	M	R	E	F	L	A	M	I	N	G	O
I	A	G	I	P	A	P	R	T	L	V	H	N	R	A
L	T	P	I	N	G	V	I	N	E	R	H	O	O	R
E	K	N	J	B	Đ	L	G	T	R	A	E	J	D	O
T	A	G	S	I	U	H	O	A	N	N	Y	T	A	B
I	U	Đ	G	D	L	A	O	I	L	A	D	G	T	B
N	U	A	P	U	L	A	B	U	D	E	J	A	J	Y
A	K	Y	A	U	S	S	R	T	I	L	B	B	J	P
T	O	U	C	A	N	K	N	Č	A	P	L	J	A	Z
T	U	Y	E	I	S	R	A	C	I	V	A	K	U	K
Y	K	K	L	V	D	R	K	S	A	U	W	J	M	W
D	O	I	Z	K	Y	U	I	C	Y	B	U	L	O	G
W	N	J	O	H	W	E	L	V	V	J	A	H	T	Y
Y	W	R	L	D	A	H	E	M	G	T	I	R	J	T
C	G	N	R	V	B	B	P	Y	T	H	I	Đ	V	H

NOJ
ORAO
RODA
LABUD
VRANA
KUKAVICA
FLAMINGO
PILETINA
GALEB
GUSKA

ČAPLJA
JAJE
PAPIGA
VRABAC
PATKA
PAUN
PELIKAN
PINGVIN
GOLUB
TOUCAN

91 - Literatura

U	S	P	O	R	E	D	B	A	Z	I	L	A	N	A
Z	A	K	L	J	U	Č	A	K	K	G	I	F	A	J
E	J	N	E	J	L	Š	I	M	R	P	L	S	U	I
A	I	T	T	S	J	Č	R	U	M	I	D	K	T	C
N	F	R	D	I	J	A	L	O	G	F	T	J	O	K
A	A	A	I	P	K	D	M	T	E	M	A	A	R	I
L	R	G	J	O	P	E	R	I	J	P	M	P	M	F
O	G	E	Đ	W	H	J	A	V	R	K	S	B	K	I
G	O	D	K	I	S	V	R	N	F	Z	E	Z	C	P
I	I	I	W	M	R	O	O	J	E	H	J	P	Y	L
J	B	J	W	M	B	P	F	C	F	G	P	M	W	G
A	N	A	U	H	R	I	A	Z	I	A	D	W	M	D
S	B	Z	Y	F	R	R	T	N	T	J	T	O	A	Đ
L	E	Y	N	O	Z	P	E	Y	V	R	F	V	T	F
J	S	T	I	L	Y	W	M	R	O	M	A	N	R	A

ANALOGIJA
ANALIZA
ANEGDOTA
AUTOR
BIOGRAFIJA
USPOREDBA
ZAKLJUČAK
OPIS
DIJALOG
STIL
FIKCIJA
METAFORA
PRIPOVJEDAČ
MIŠLJENJE
PJESMA
RIMA
RITAM
ROMAN
TEMA
TRAGEDIJA

92 - Química

L	P	E	S	R	O	N	F	S	Đ	G	G	S	R	I
G	K	I	N	K	I	S	E	L	I	N	A	M	O	V
O	T	P	I	Z	J	S	U	E	K	O	N	O	T	L
C	E	F	L	V	I	E	C	Đ	S	R	I	L	A	T
M	Ž	W	P	B	A	M	G	E	N	T	Ć	E	Z	E
K	I	J	L	G	U	I	W	M	A	K	U	K	I	M
G	N	K	L	O	R	N	H	I	G	E	K	U	L	P
N	A	A	N	E	Y	R	B	Z	R	L	E	L	A	E
K	Y	N	U	D	L	A	N	B	O	E	T	A	T	R
I	K	I	D	O	V	E	M	E	T	A	L	I	A	A
S	A	L	F	M	R	L	M	L	T	T	E	L	K	T
I	O	P	Z	M	H	K	Y	E	Y	K	G	E	I	U
K	I	O	N	T	H	U	L	J	N	N	O	T	U	R
Y	I	T	Z	P	C	N	D	M	M	T	O	V	G	A
K	P	H	C	A	B	R	Đ	P	A	L	I	D	P	S

KISELINA
TOPLINA
UGLJIK
KATALIZATOR
KLOR
ELEMENTI
ELEKTRON
ENZIM
PLIN
VODIK

ION
TEKUĆINA
METALI
MOLEKULA
NUKLEARNI
ORGANSKI
KISIK
TEŽINA
SOL
TEMPERATURA

93 - Clima

S	V	V	V	R	F	U	A	E	E	M	B	I	G	C
U	T	W	L	Z	G	O	D	A	N	R	O	T	F	J
Š	F	S	P	D	Y	B	B	C	W	N	I	B	R	Z
A	M	I	N	R	A	L	O	P	N	D	L	K	N	V
G	M	M	V	Z	C	A	R	A	T	E	J	V	O	P
U	S	I	H	J	G	K	C	M	S	L	B	V	O	G
D	G	I	L	B	Đ	E	Đ	M	O	H	Z	F	L	R
O	I	L	O	K	V	A	Z	Đ	A	N	B	Đ	U	M
A	T	M	O	S	F	E	R	A	P	G	S	E	J	L
J	B	J	P	O	W	S	U	H	O	Y	L	U	A	J
N	A	G	A	R	U	B	V	M	F	L	N	A	N	A
U	P	A	R	U	T	A	R	E	P	M	E	T	K	V
M	V	J	E	T	A	R	B	R	Đ	C	B	H	M	I
Z	M	E	Đ	V	G	E	I	K	S	P	O	R	T	N
T	U	Z	F	S	P	V	F	K	F	V	G	B	Đ	A

DUGA
ATMOSFERA
POVJETARAC
NEBO
KLIMA
URAGAN
LED
MONSUN
MAGLA
OBLAK
POLARNI
MUNJA
SUŠA
SUHO
TEMPERATURA
OLUJA
TORNADO
TROPSKI
GRMLJAVINA
VJETAR

94 - Diplomacia

I	N	T	E	G	R	I	T	E	T	D	V	J	D	U
F	R	F	A	E	W	J	E	Z	I	C	I	A	S	G
P	D	I	P	L	O	M	A	T	S	K	I	N	F	O
R	R	K	A	M	P	A	N	J	E	F	C	D	M	V
J	A	A	H	U	M	A	N	I	T	A	R	N	I	O
E	M	S	V	P	O	L	I	T	I	K	A	P	P	R
Š	B	U	E	D	T	Z	K	R	R	R	S	H	B	A
E	A	R	Đ	Z	A	D	A	V	B	T	L	M	L	V
N	S	A	P	H	L	J	K	H	O	D	L	U	K	A
J	A	D	E	M	P	C	W	W	K	T	R	B	C	R
E	D	N	T	T	S	O	N	R	U	G	I	S	O	P
B	O	J	I	J	P	N	S	A	S	P	V	Y	A	S
S	R	A	K	G	R	A	Đ	A	N	I	D	V	B	A
L	S	M	A	C	I	N	D	E	J	A	Z	U	A	R
B	V	L	A	D	A	S	A	V	J	E	T	N	I	K

KAMPANJE
GRAĐANI
ZAJEDNICA
SUKOB
SAVJETNIK
SURADNJA
DIPLOMATSKI
RASPRAVA
AMBASADOR
ETIKA

VLADA
HUMANITARNI
INTEGRITET
PRAVDA
JEZICI
POLITIKA
ODLUKA
SIGURNOST
RJEŠENJE
UGOVOR

95 - Comida # 2

Č	J	A	B	U	K	A	G	R	P	Z	R	G	P	G
T	O	R	Y	N	A	Ž	D	I	L	T	A	P	V	R
R	I	K	I	R	D	I	O	T	G	S	J	Y	P	O
U	G	R	O	Ž	C	F	M	O	V	M	Č	J	Š	Ž
G	P	V	M	L	A	M	S	U	U	R	I	H	E	Đ
O	L	M	M	F	A	E	J	A	J	Đ	C	Z	N	E
J	L	J	R	C	B	D	U	J	A	D	A	O	I	S
P	G	K	I	I	I	A	A	N	A	N	A	B	C	U
B	J	Z	S	V	R	B	L	Š	K	I	K	E	A	O
I	V	P	I	I	A	A	U	E	O	H	N	H	H	G
Đ	F	J	U	K	O	L	K	R	Č	T	U	Đ	H	Y
W	M	G	W	A	T	U	O	T	I	T	Š	L	U	S
K	O	S	K	N	E	E	R	L	T	L	K	W	V	K
P	L	Đ	C	U	V	J	B	L	R	Đ	V	L	W	B
P	I	L	E	T	I	N	A	O	A	P	K	O	F	O

ARTIČOKA
BADEM
RIŽA
BANANA
PATLIDŽAN
BROKULA
TREŠNJA
ČOKOLADA
GLJIVA
PILETINA
JOGURT
KIVI
JABUKA
JAJE
RIBA
ŠUNKA
SIR
RAJČICA
PŠENICA
GROŽĐE

96 - Universo

A	E	K	G	A	L	A	K	S	I	J	A	F	T	N
T	K	O	H	A	N	I	Ž	U	D	P	I	E	W	A
M	V	Z	E	S	S	O	L	S	T	I	C	I	J	L
O	A	M	M	T	M	J	E	S	E	C	D	B	B	N
S	T	I	I	R	O	O	N	A	Č	N	U	S	C	V
F	O	Č	S	O	B	E	N	E	W	Z	T	Z	B	I
E	R	K	F	N	F	L	O	O	B	E	C	T	Z	D
R	Š	I	E	O	E	C	Đ	G	R	E	O	H	D	L
A	I	W	R	M	G	M	P	K	V	T	S	N	G	J
B	R	Đ	A	I	Y	J	C	F	J	E	S	K	P	I
G	I	Y	N	J	E	T	H	F	E	A	U	A	I	V
R	N	V	F	A	T	E	L	E	S	K	O	P	K	S
K	A	J	I	D	O	Z	Z	L	O	R	B	I	T	A
H	O	R	I	Z	O	N	T	M	O	L	P	K	L	S
A	S	T	E	R	O	I	D	K	A	M	B	R	N	A

ASTEROID
ASTRONOMIJA
ASTRONOM
ATMOSFERA
NEBESKI
NEBO
KOZMIČKI
EKVATOR
GALAKSIJA
HEMISFERA
HORIZONT
ŠIRINA
DUŽINA
MJESEC
ORBITA
SUNČANO
SOLSTICIJ
TELESKOP
VIDLJIV
ZODIJAK

97 - Jazz

G	L	A	Z	B	A	W	A	K	B	S	L	J	S	C
B	L	N	E	U	B	U	W	O	Y	Y	J	G	T	H
U	U	Đ	A	Z	A	K	I	N	H	E	T	Z	I	A
B	T	R	T	G	M	V	K	C	C	M	G	Y	L	I
N	E	N	D	O	L	O	W	E	T	A	L	E	N	T
J	P	M	C	R	N	A	Ž	R	A	T	S	C	P	I
E	P	I	G	K	W	J	S	T	L	C	V	Z	Z	R
V	M	J	L	E	T	A	D	A	L	K	S	W	N	O
I	A	R	C	S	J	T	P	D	K	B	D	R	W	V
U	J	Z	M	T	V	D	R	O	P	R	K	Đ	M	A
M	U	B	L	A	G	W	H	V	Z	J	Đ	G	N	F
D	G	C	D	R	R	I	T	A	M	N	E	L	A	G
U	M	J	E	T	N	I	K	H	T	W	A	S	N	V
N	O	V	O	S	A	S	T	A	V	M	Z	T	M	W
I	M	P	R	O	V	I	Z	A	C	I	J	A	I	A

UMJETNIK
ALBUM
BUBNJEVI
PJESMA
SASTAV
SKLADATELJ
KONCERT
STIL
NAGLASAK
POZNATI
FAVORITI
ŽANR
IMPROVIZACIJA
GLAZBA
NOVO
ORKESTAR
RITAM
TALENT
TEHNIKA
STAR

98 - Barcos

I	P	R	I	S	T	A	N	I	Š	T	E	H	R	T
V	P	S	F	R	W	L	D	V	U	C	C	K	I	R
O	S	L	O	T	I	M	Z	G	U	B	A	F	J	A
Đ	T	K	A	J	A	K	F	A	V	J	D	V	E	J
D	M	U	Č	J	E	Z	E	R	O	L	A	G	K	E
O	C	E	A	N	S	P	L	A	V	B	S	H	A	K
M	C	Y	T	F	E	R	O	M	O	T	O	R	T	T
O	T	Đ	U	N	A	K	B	B	Đ	N	P	A	P	A
U	K	U	L	R	V	H	R	T	U	T	L	N	L	L
U	Ž	Y	P	B	C	C	A	G	A	G	V	R	I	B
S	F	E	S	D	A	W	J	N	V	D	J	O	M	B
Đ	A	H	D	I	V	O	L	A	V	A	W	M	A	L
Y	M	L	B	D	D	P	O	M	O	R	S	K	I	A
K	U	M	M	I	H	R	G	K	S	P	P	W	P	T
P	O	G	W	T	G	A	O	F	Z	V	C	H	W	A

SIDRO
TRAJEKT
PLUTAČA
KAJAK
KANU
UŽE
PRISTANIŠTE
JAHTA
SPLAV
JEZERO
MORE
PLIMA
MORNAR
JARBOL
MOTOR
POMORSKI
OCEAN
VALOVI
RIJEKA
POSADA

99 - Mamíferos

G	E	K	N	R	V	I	I	C	D	K	G	M	K	G
O	H	P	N	I	W	G	J	R	U	I	V	A	L	U
R	T	O	J	O	K	E	R	W	P	T	E	J	O	I
I	T	H	V	W	K	E	W	Y	I	Y	V	M	K	N
L	P	A	S	C	E	Đ	P	J	N	O	K	U	A	K
A	U	F	C	I	E	Z	E	C	O	Z	N	N	N	P
V	L	A	M	I	W	D	A	F	L	U	Đ	T	R	E
E	I	R	L	B	S	T	M	M	S	V	K	P	D	D
D	H	I	V	A	G	I	K	N	P	G	D	Z	N	B
W	U	Ž	I	V	W	P	L	Z	A	C	B	V	F	K
R	A	B	A	D	W	M	S	Z	J	W	D	U	C	F
W	E	U	I	D	R	G	B	B	E	U	Z	K	W	A
G	S	V	A	K	Č	A	M	I	O	F	G	G	U	S
J	W	F	Z	W	G	I	Z	K	M	H	A	S	M	B
B	Z	V	Z	E	B	R	A	E	P	U	W	I	Đ	Z

KIT
DEVA
KLOKAN
DABAR
KONJ
PAS
ZEC
KOJOT
SLON
MAČKA
ŽIRAFA
DUPIN
GORILA
LAV
VUK
MAJMUN
OVCE
LISICA
BIK
ZEBRA

100 - Atividades e Lazer

R	R	O	D	B	O	J	K	A	L	P	S	K	O	B
J	O	I	G	S	D	V	T	Y	A	J	U	P	U	U
T	J	N	B	Z	T	S	I	W	O	E	R	L	M	V
E	C	E	J	A	J	R	B	A	A	Š	F	I	J	R
M	H	L	H	E	R	U	Z	S	K	A	A	V	E	T
O	G	L	U	F	N	S	S	J	R	Č	N	A	T	L
G	P	Y	A	Đ	K	J	T	Y	A	E	J	N	N	A
O	B	U	D	O	N	U	E	V	Š	N	E	J	O	R
N	E	J	Š	G	O	L	F	U	O	J	J	E	S	S
J	J	J	H	T	E	J	B	F	K	E	K	A	T	T
K	Z	R	I	T	A	V	O	T	U	P	U	K	F	V
C	B	R	M	F	R	N	H	O	B	I	J	I	N	O
F	O	T	E	N	I	S	J	A	H	H	I	L	W	P
U	L	B	U	I	M	N	P	E	H	M	S	S	O	E
K	A	M	P	I	R	A	N	J	E	T	T	O	Y	N

KAMPIRANJE
UMJETNOST
KOŠARKA
BEJZBOL
BOKS
PJEŠAČENJE
NOGOMET
GOLF
HOBIJI
VRTLARSTVO
RONJENJE
PLIVANJE
RIBARSTVO
SLIKA
OPUŠTANJE
SURFANJE
TENIS
PUTOVATI
ODBOJKA

1 - Dirigindo

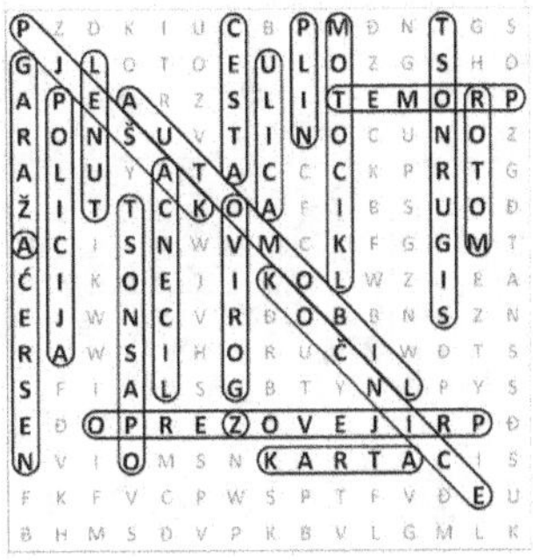

2 - Antiguidades

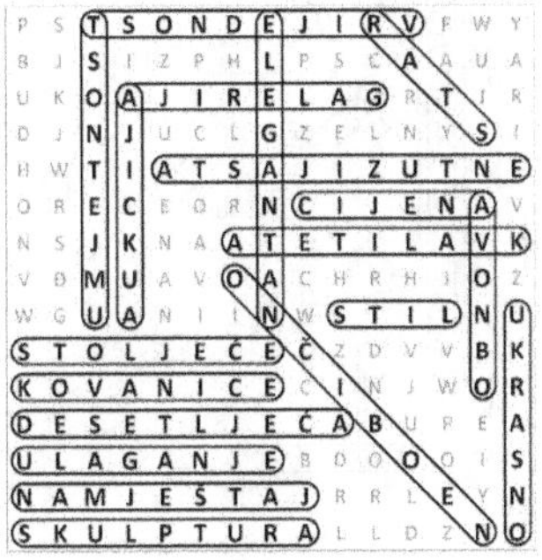

3 - Churrascos

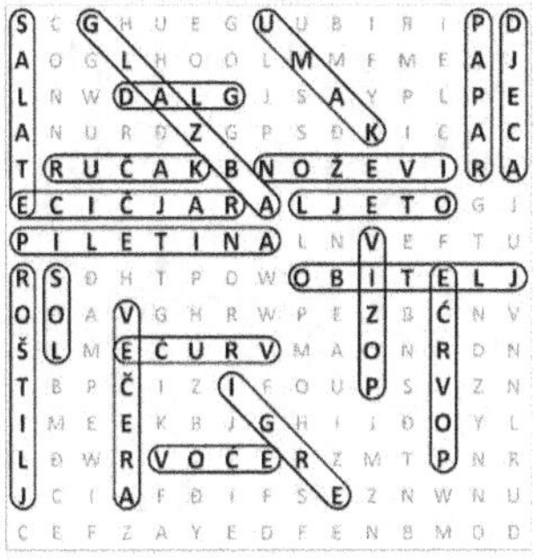

4 - Pesca

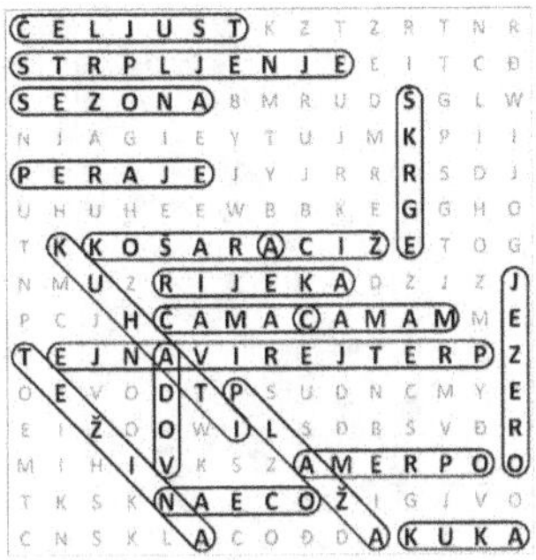

5 - Geologia

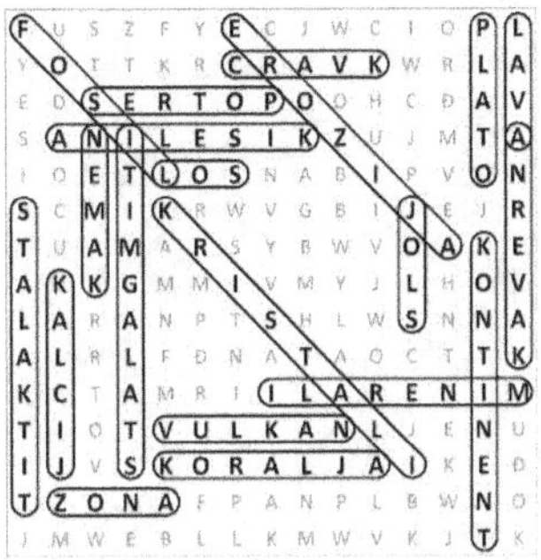

6 - Tempo

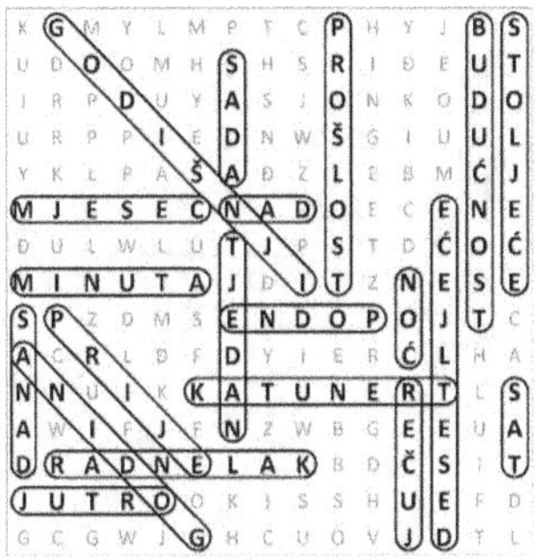

7 - Astronomia

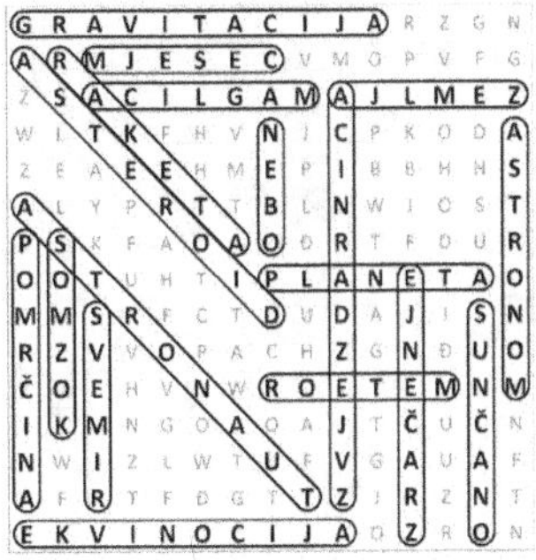

8 - Acampamento

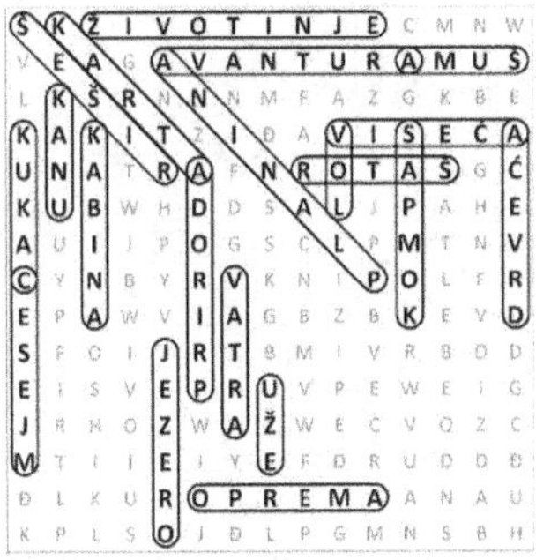

9 - Ficção Científica

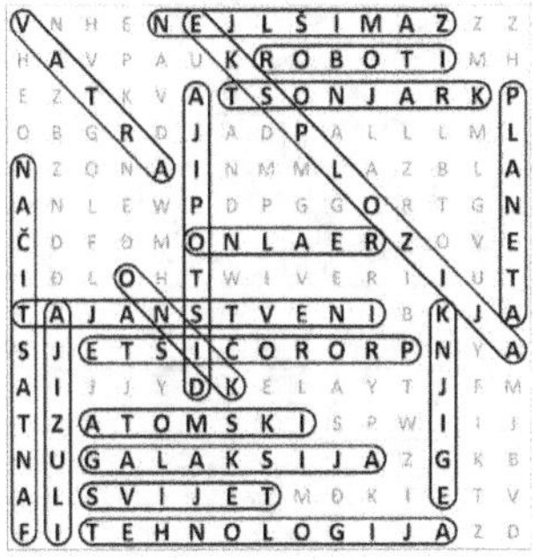

10 - Mitologia

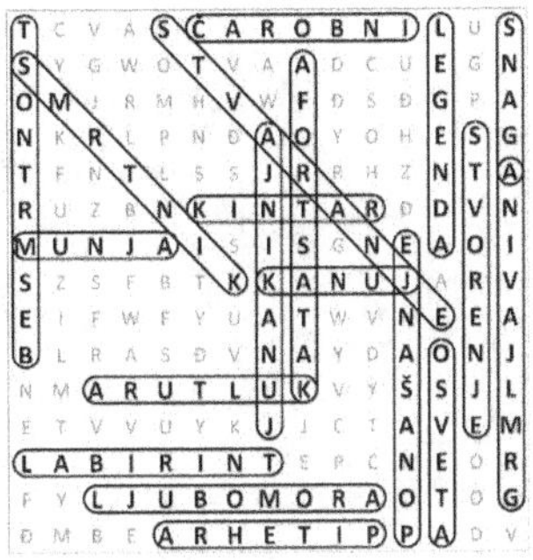

11 - Medições

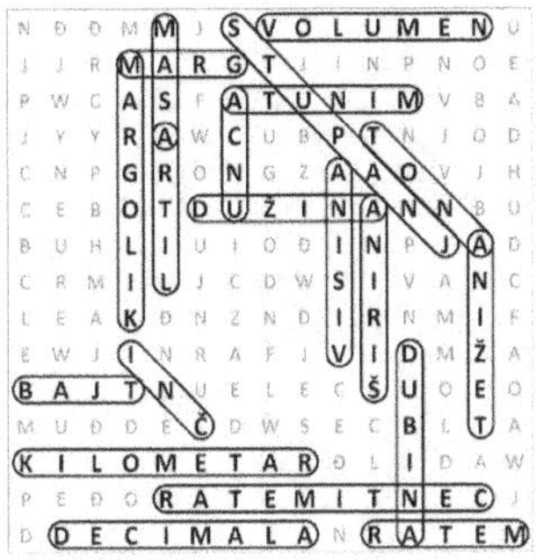

12 - Álgebra

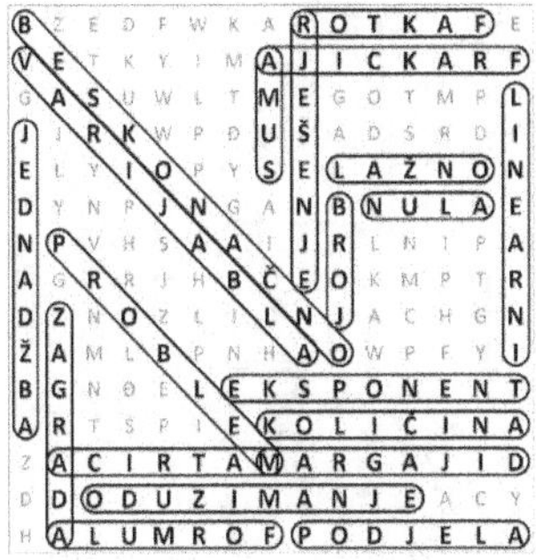

13 - Plantas

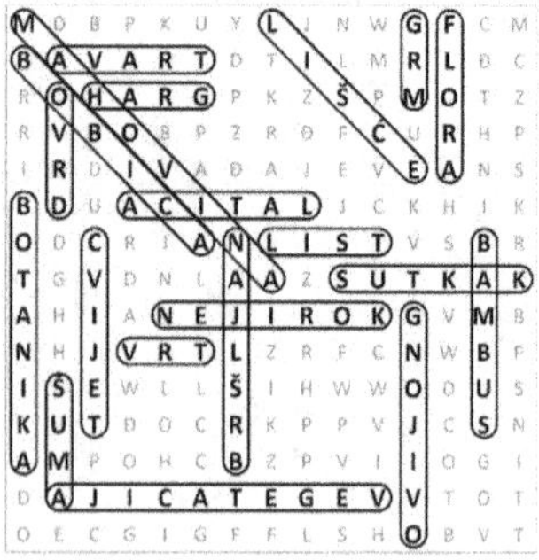

14 - Veículos

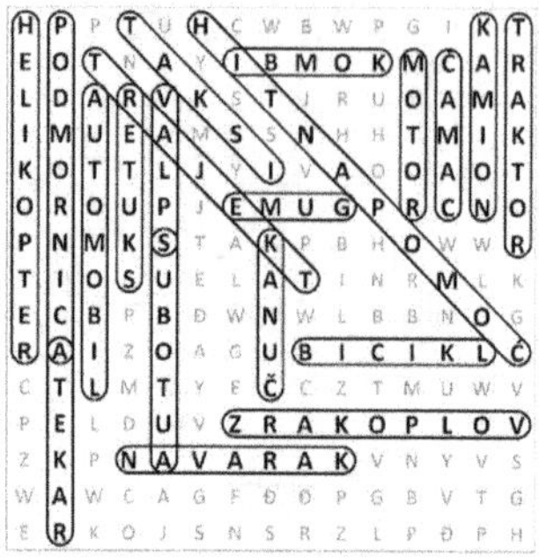

15 - Engenharia

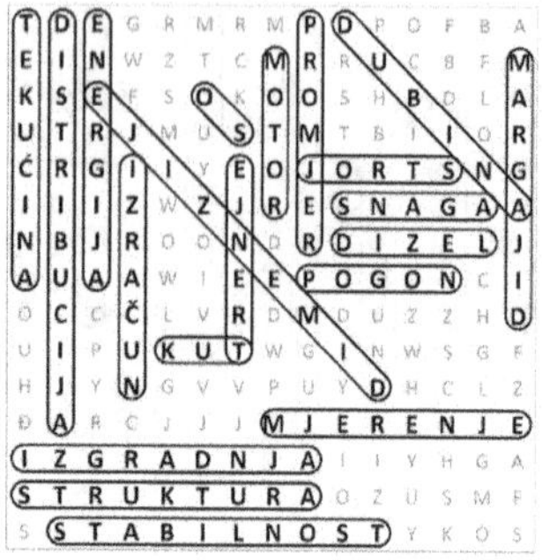

16 - Restaurante # 2

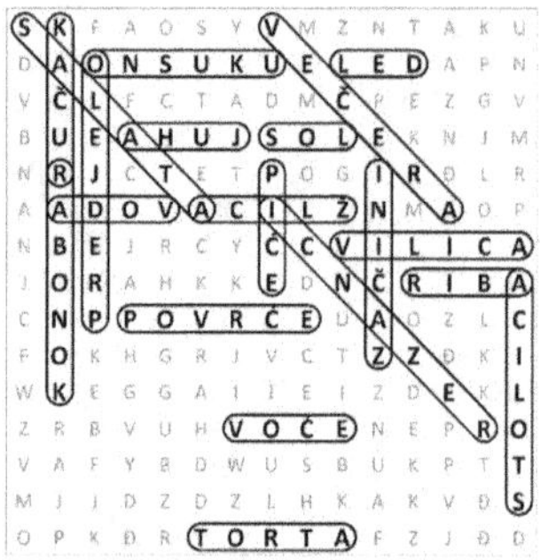

17 - Países #2

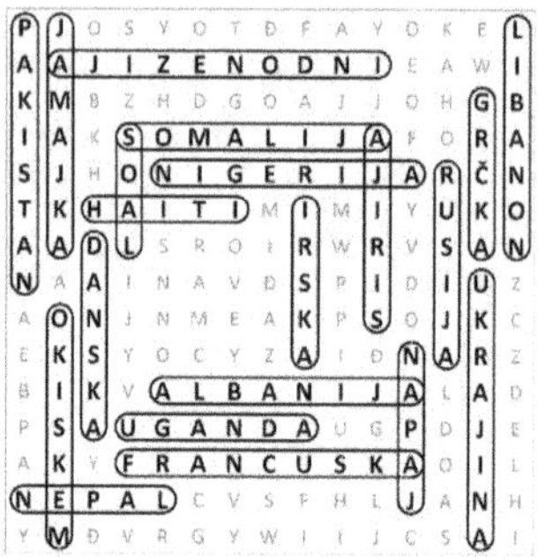

18 - Números

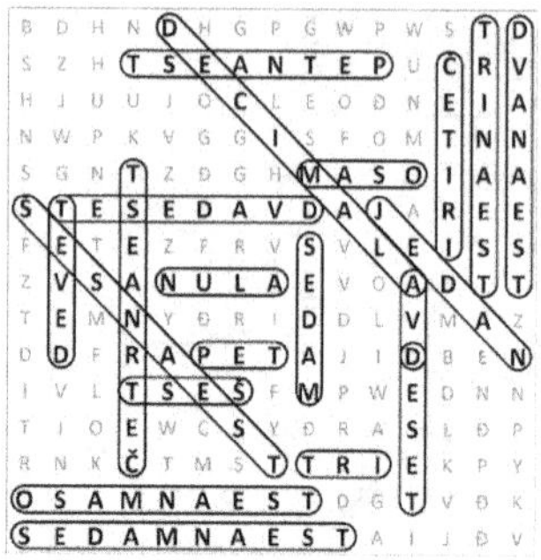

19 - Física

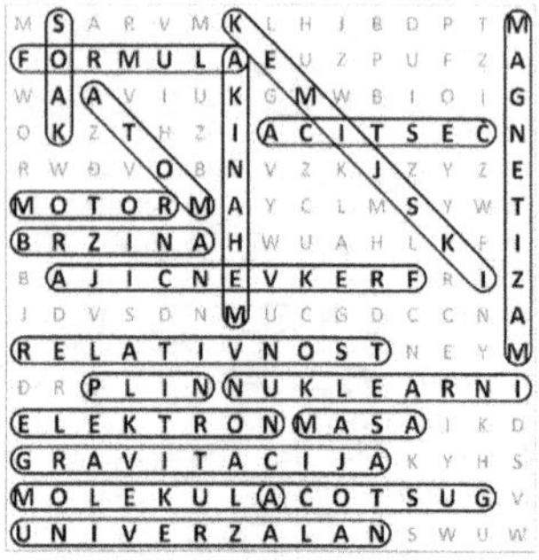

20 - Especiarias

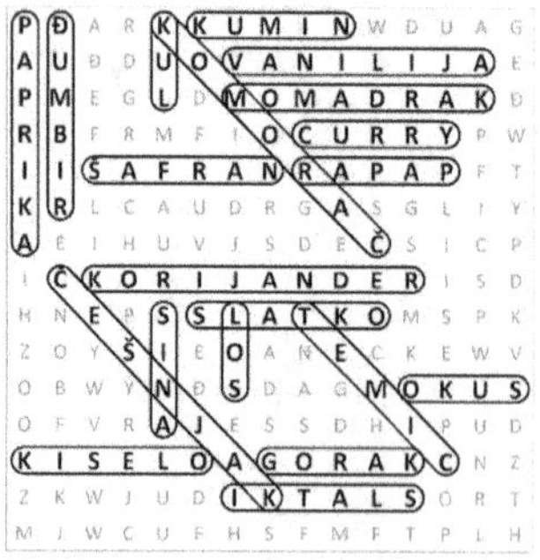

21 - Países #1

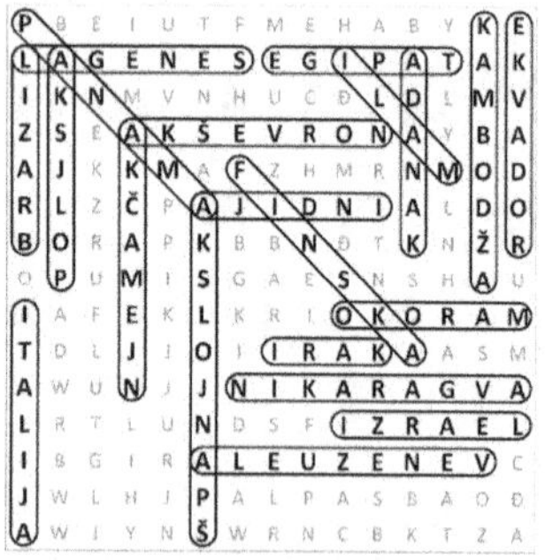

22 - A Mídia

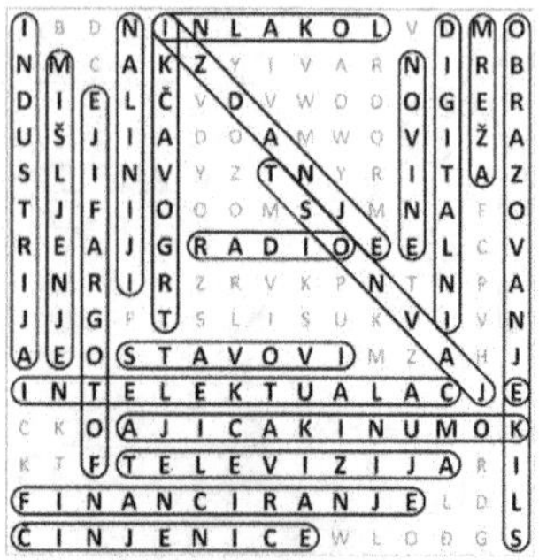

23 - Casa

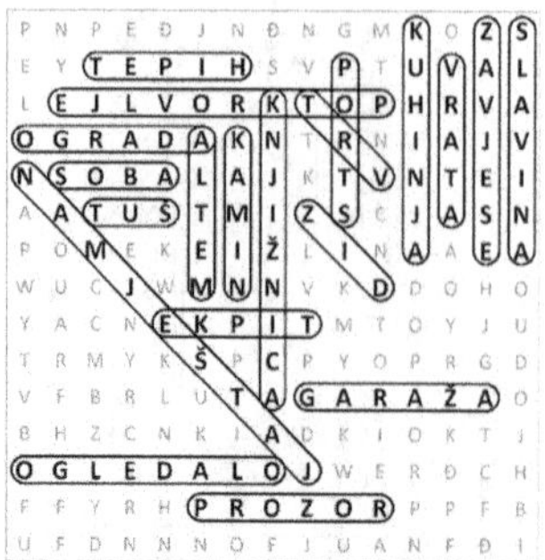

24 - Vegetais

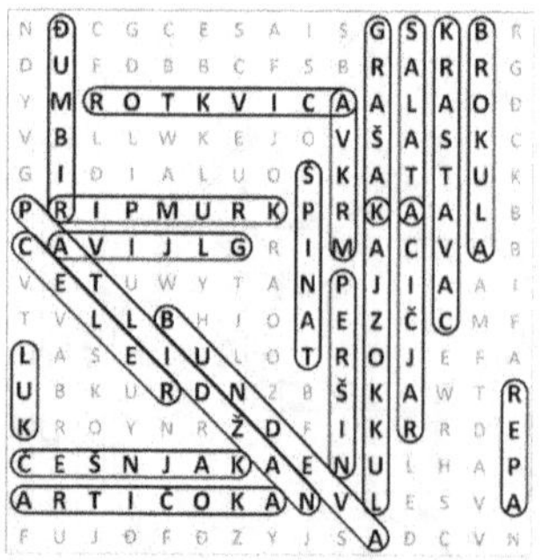

25 - Balé

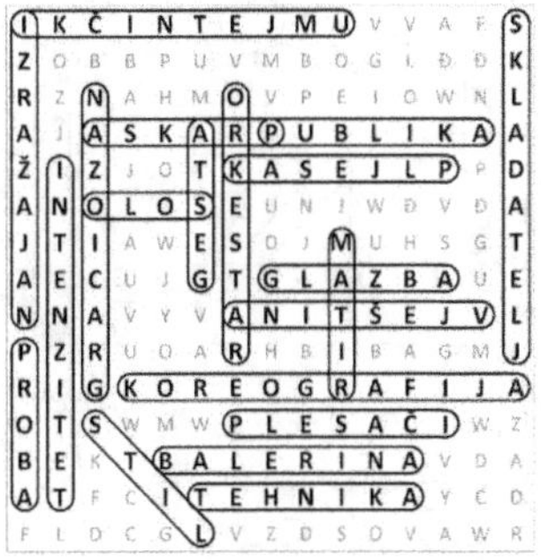

26 - Adjetivos #1

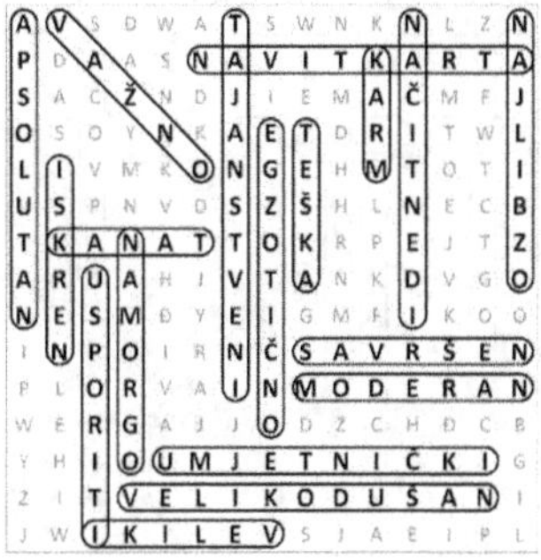

27 - Psicologia

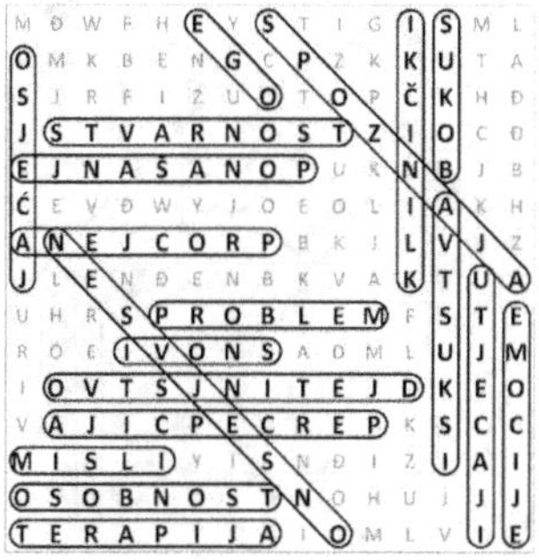

28 - Paisagens

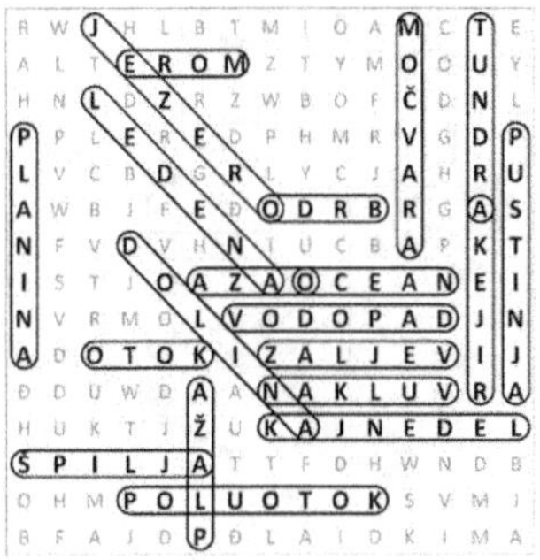

29 - Dança

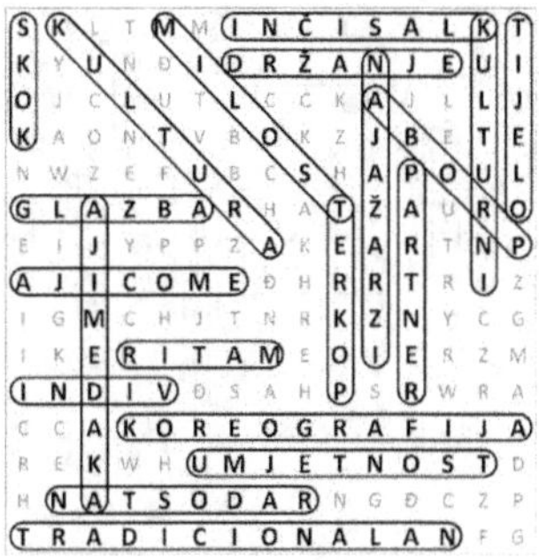

30 - Nutrição

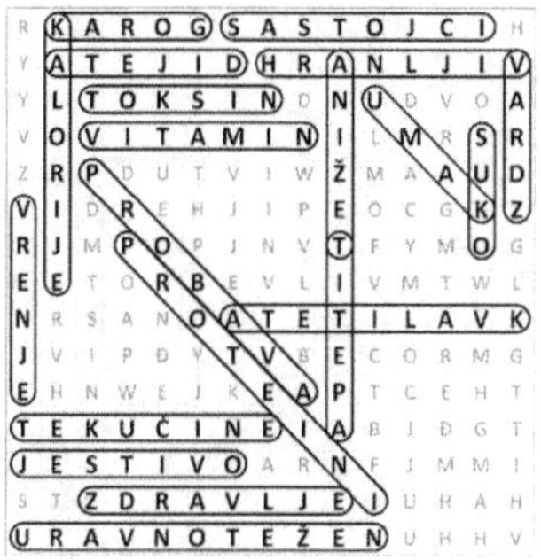

31 - Energia

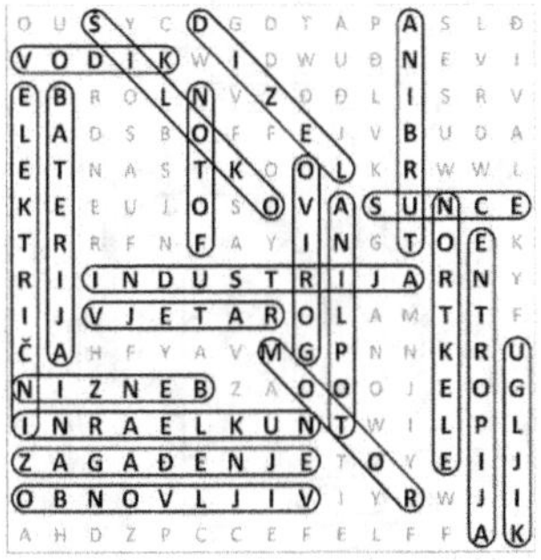

32 - Disciplinas Científicas

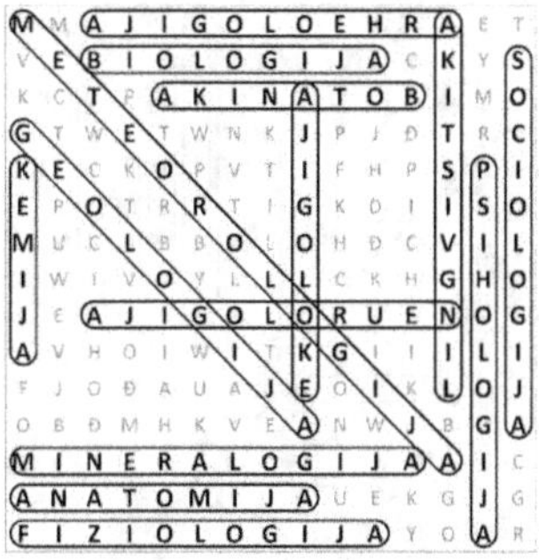

33 - Meditação

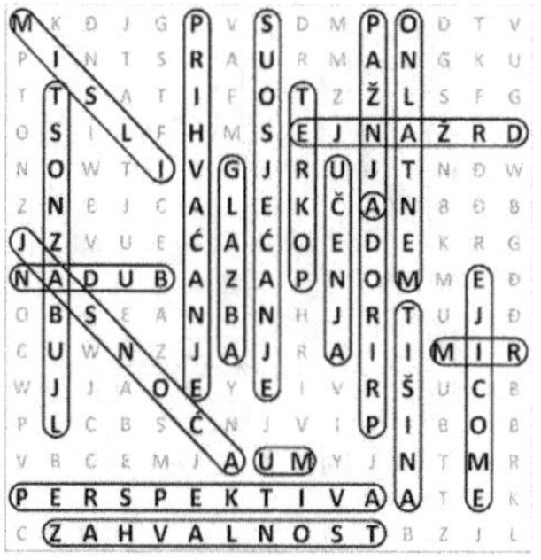

34 - Instrumentos Musicais

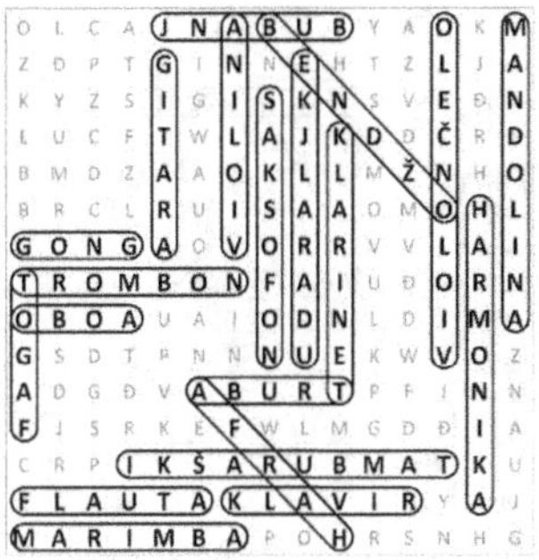

35 - Adjetivos #2

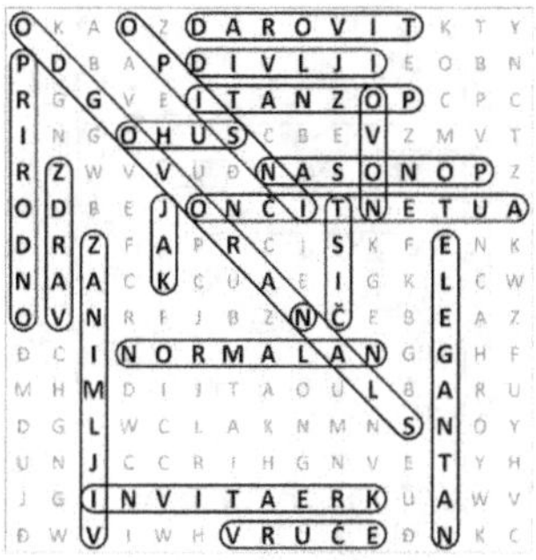

36 - Roupas

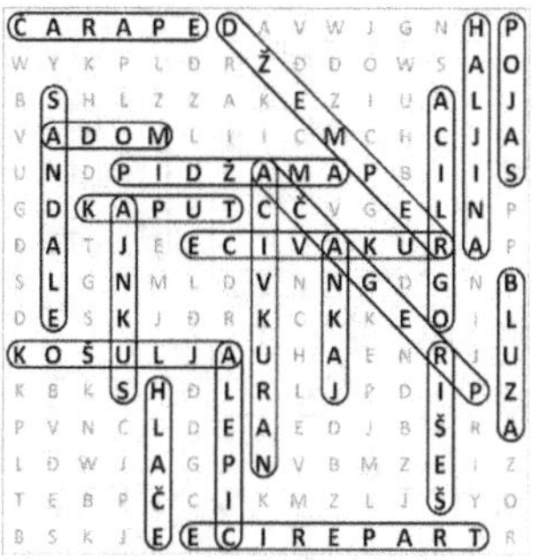

37 - Herbalismo

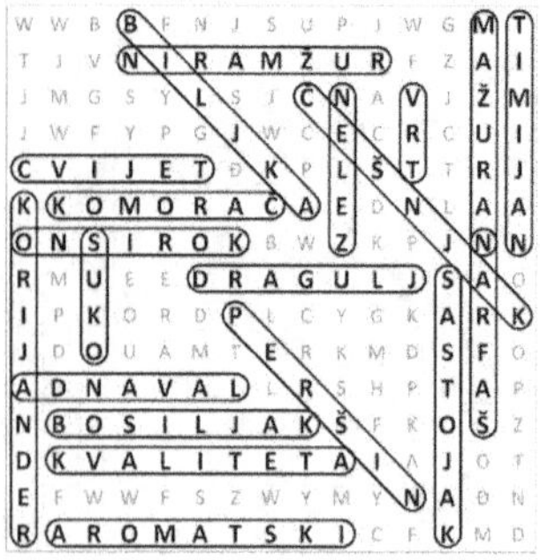

38 - Arqueologia

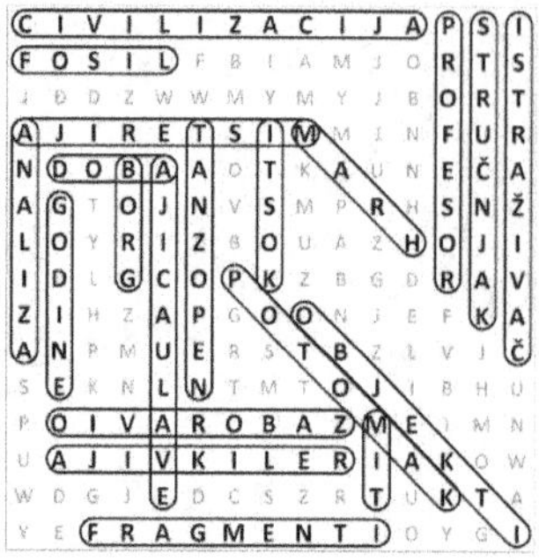

39 - Esporte

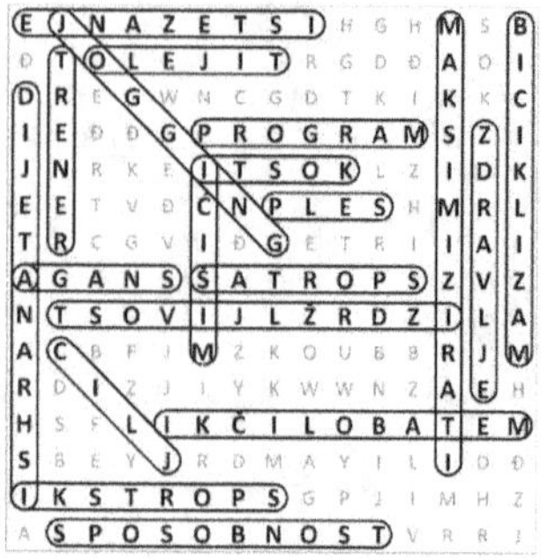

40 - Agronomia

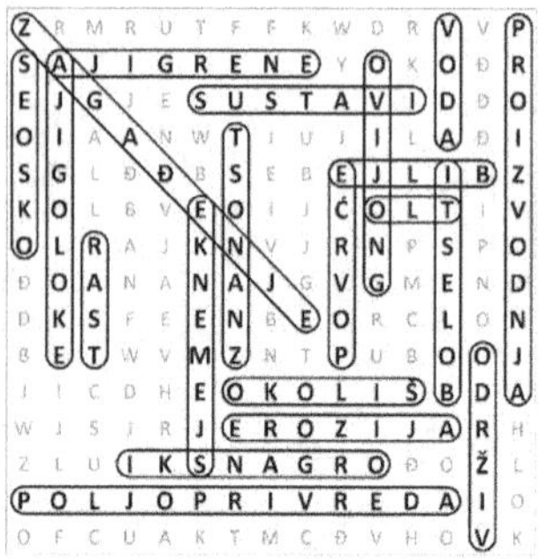

41 - Frutas

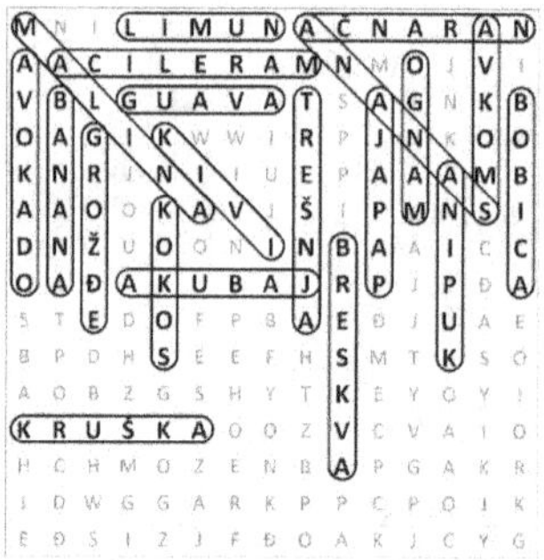

42 - Corpo Humano

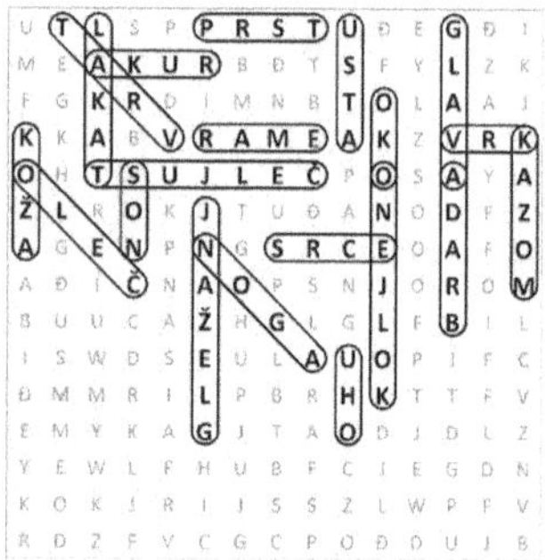

43 - Restaurante #1

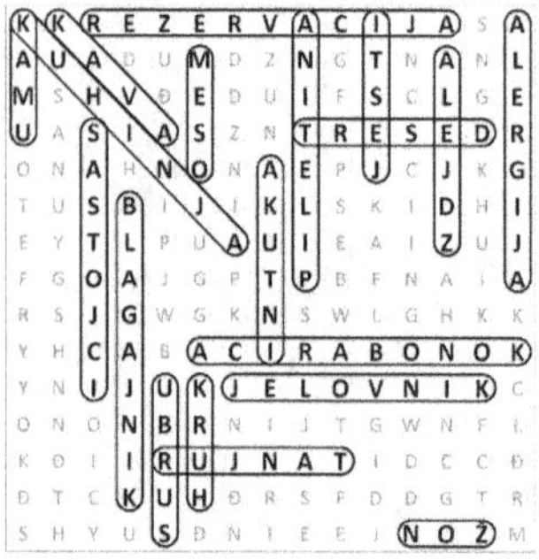

44 - Caminhada

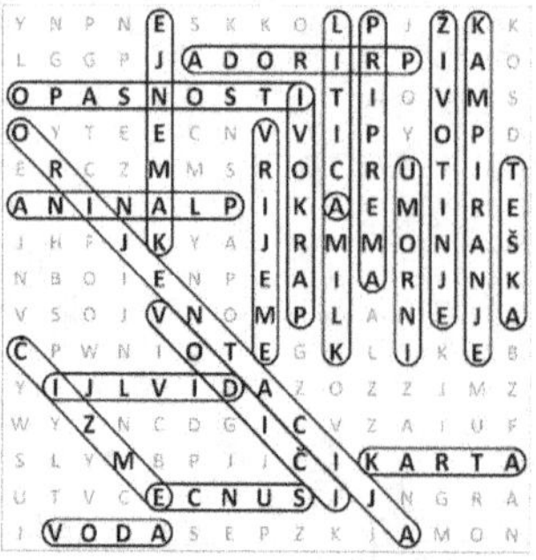

45 - Biologia

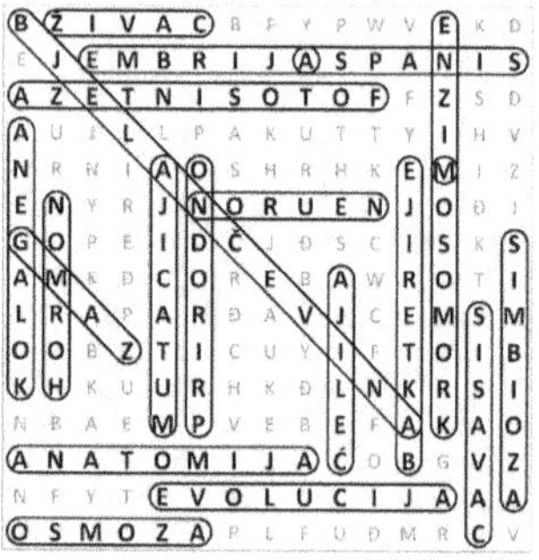

46 - Beleza

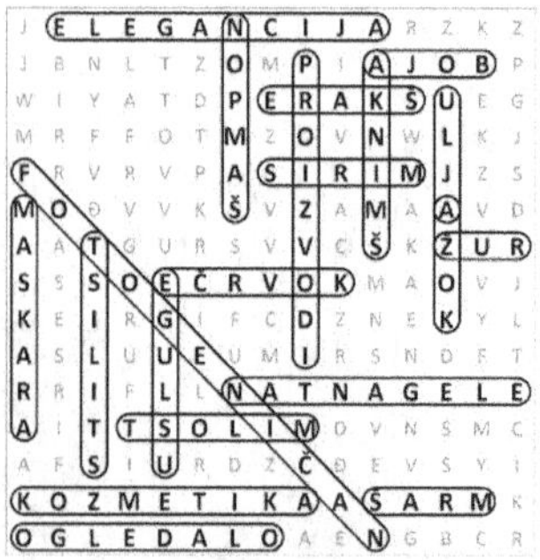

47 - Filantropia

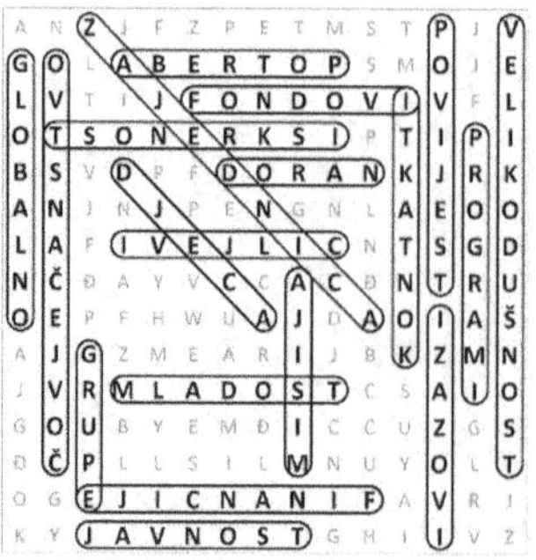

48 - Ecologia

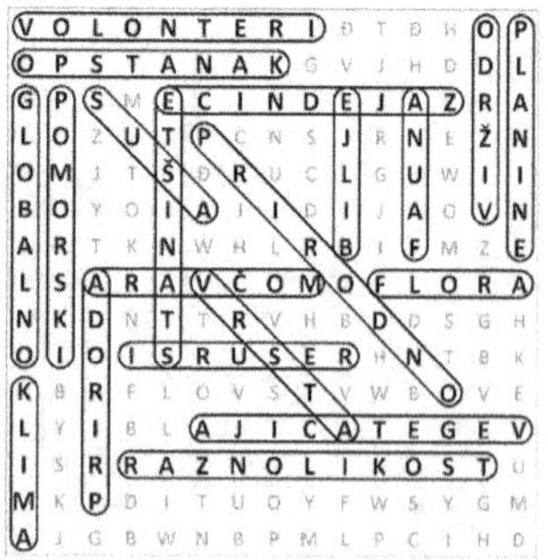

49 - Família

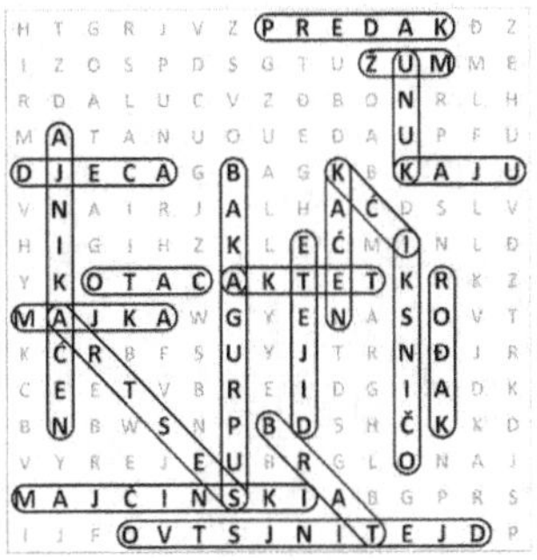

50 - Férias #2

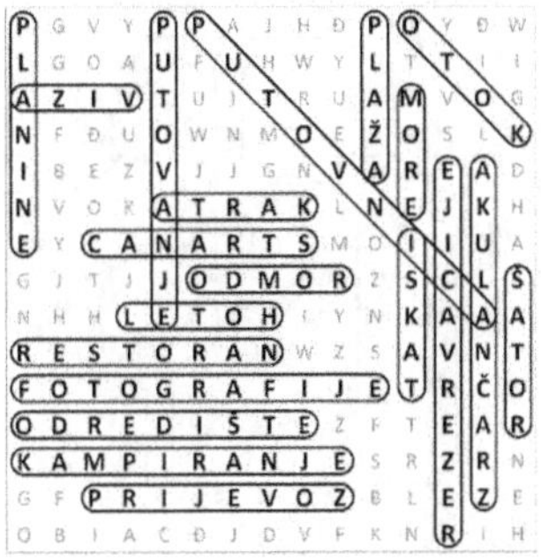

51 - Edifícios

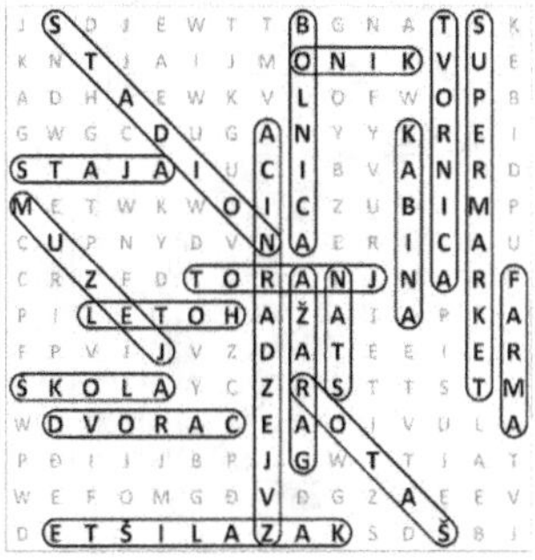

52 - Xadrez

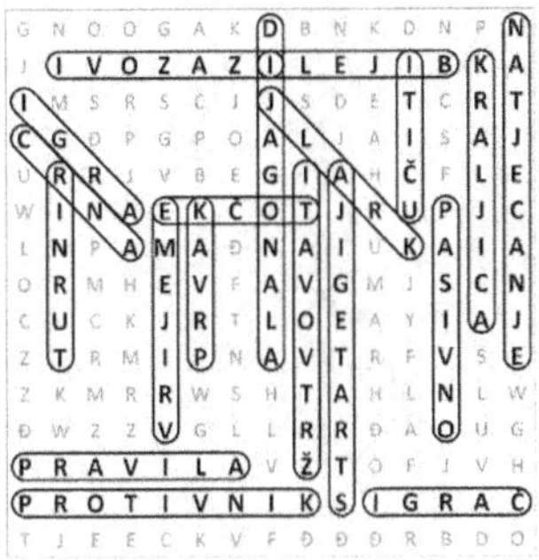

53 - Aventura

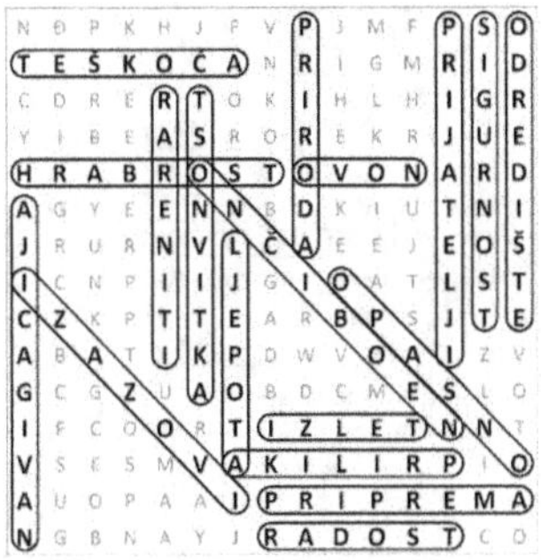

54 - Floresta Tropical

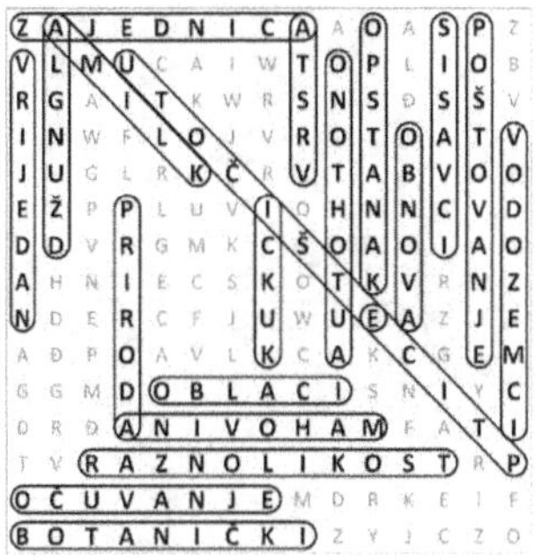

55 - Cidade

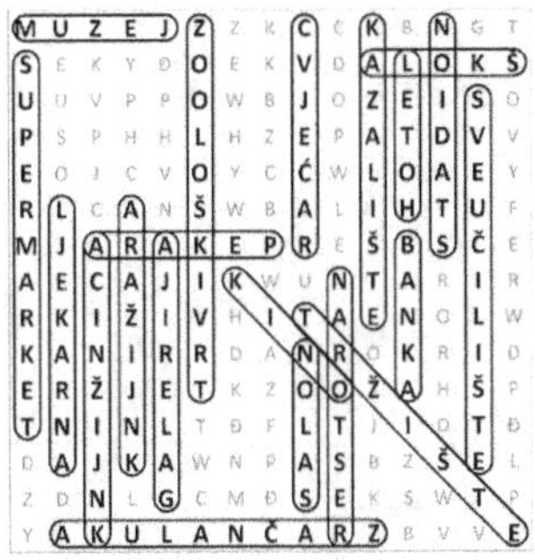

56 - Música

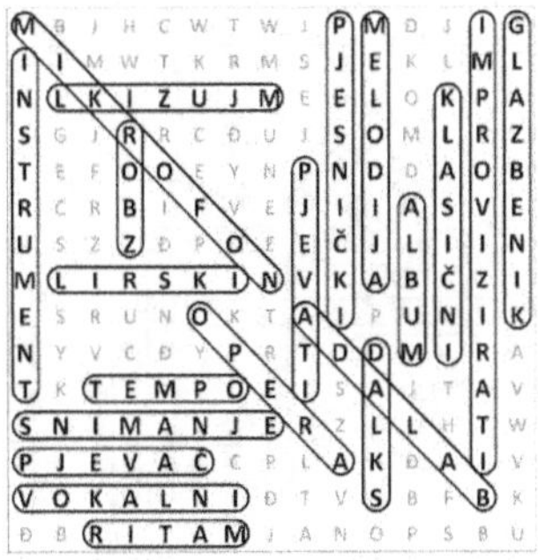

57 - Matemática

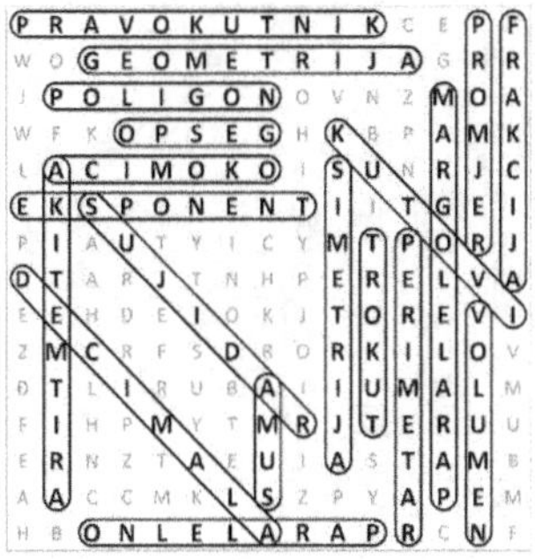

58 - Saúde e Bem Estar #1

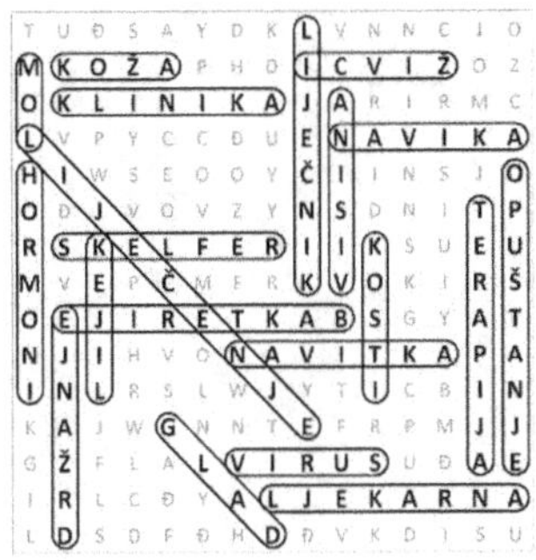

59 - Imigração

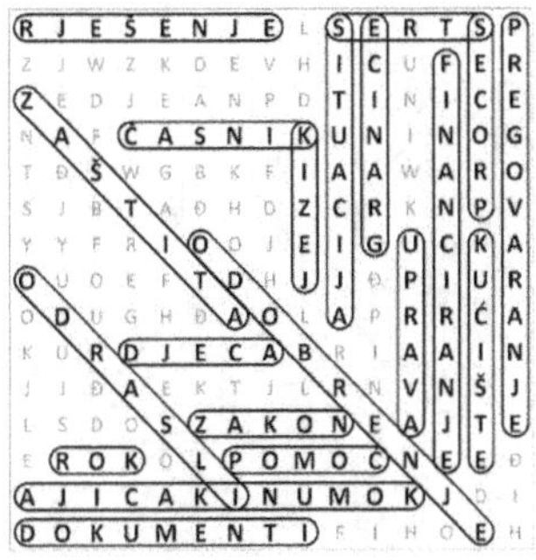

60 - Natureza

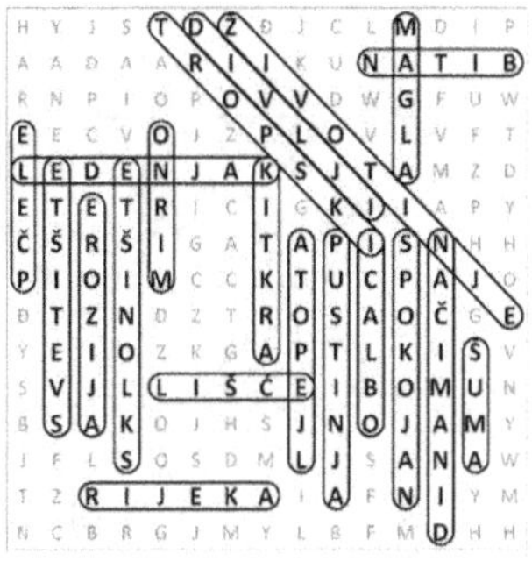

61 - A Empresa

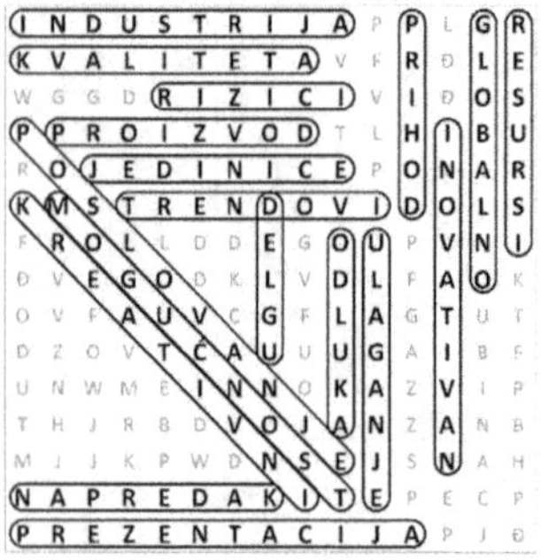

62 - Doença

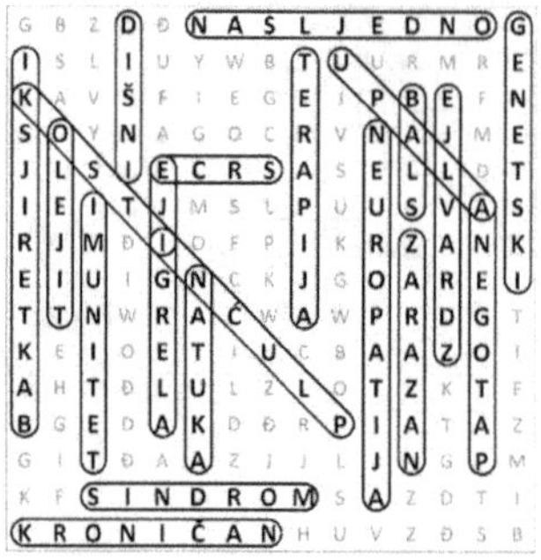

63 - Aquecimento Global

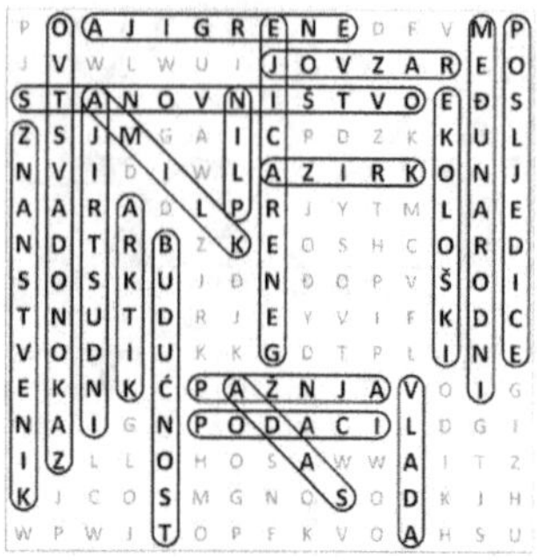

64 - Aviões

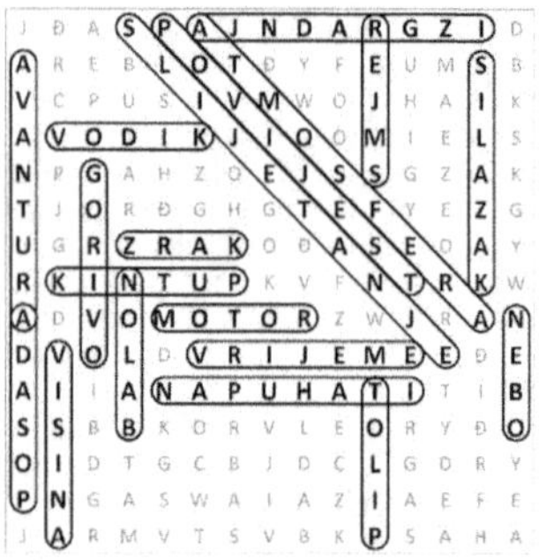

65 - Tipos de Cabelo

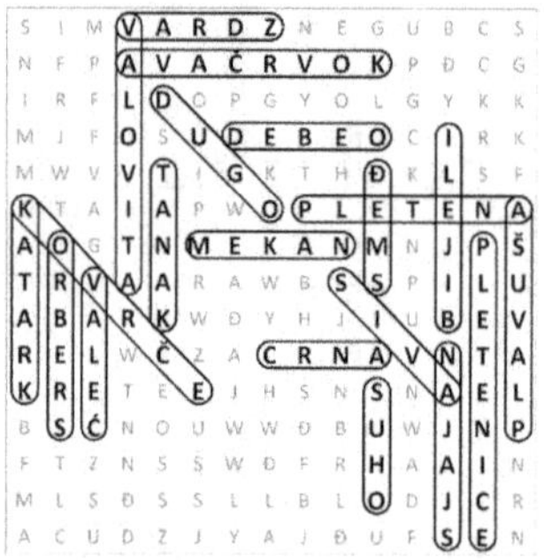

66 - Formas

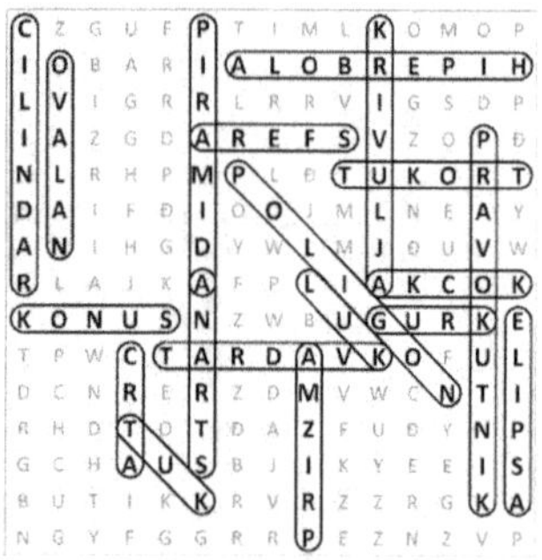

67 - Criatividade

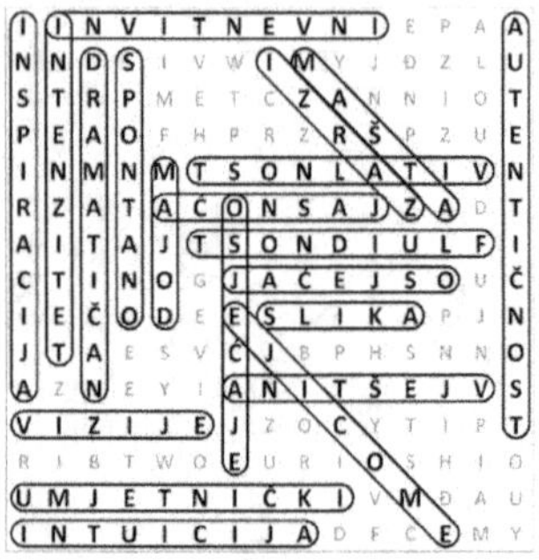

68 - Dias e Meses

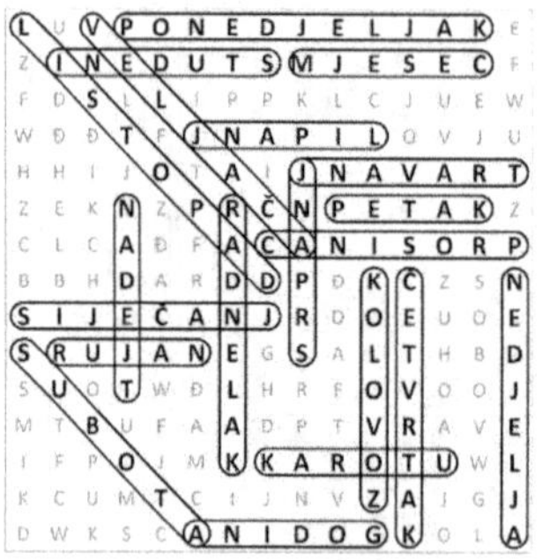

69 - Saúde e Bem Estar #2

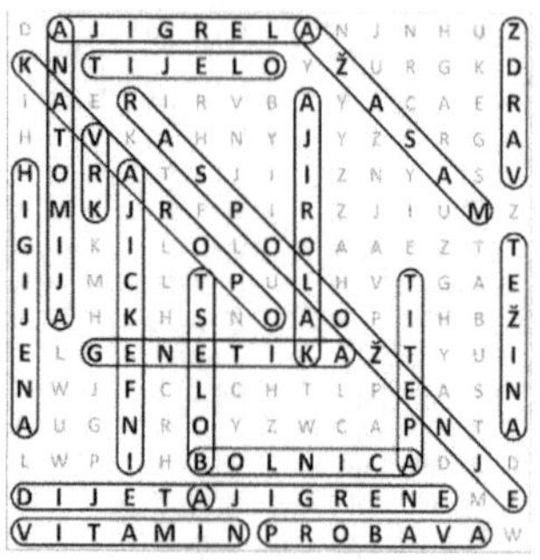

70 - Geografia

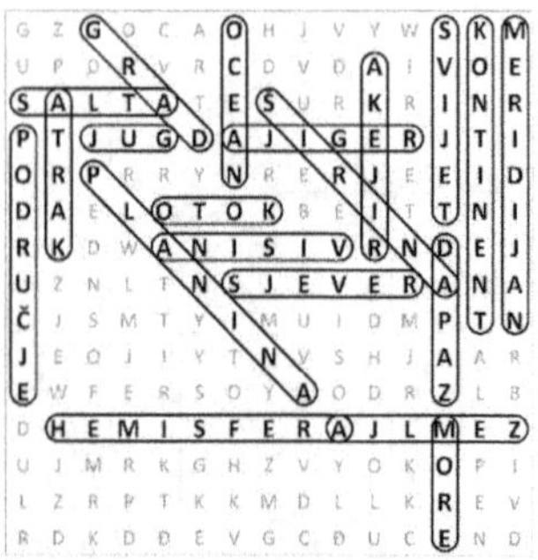

71 - Antártica

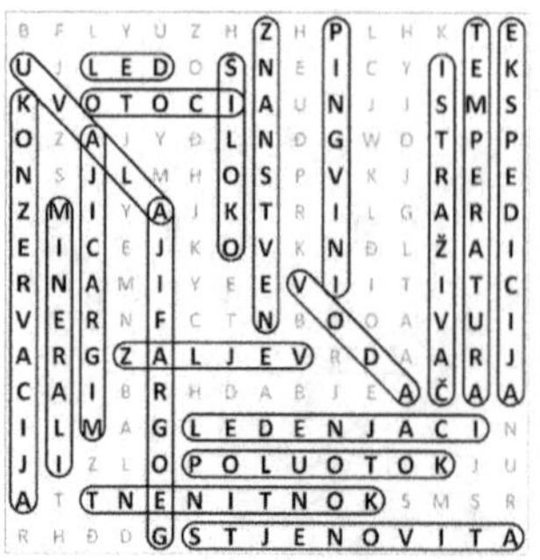

72 - Flores

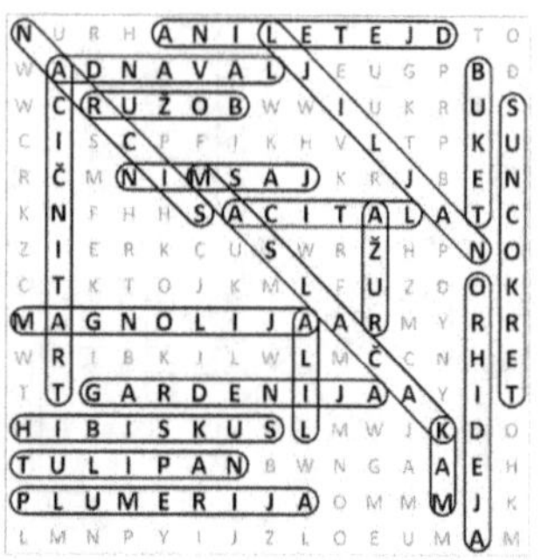

73 - Fazenda #1

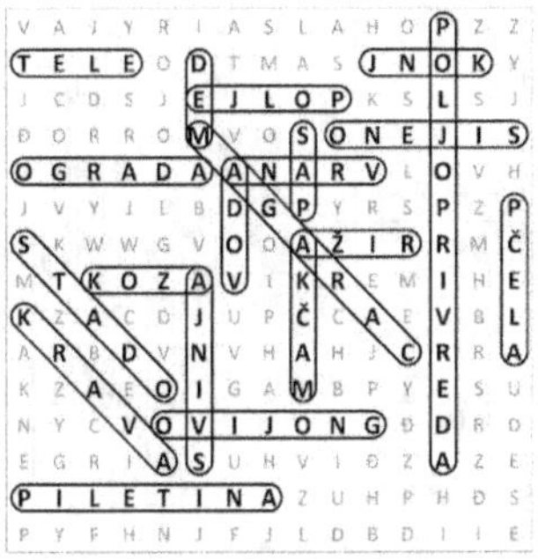

74 - Livros

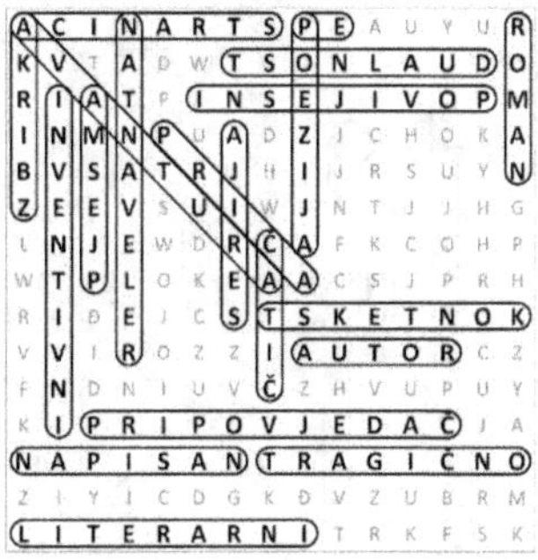

75 - Chocolate

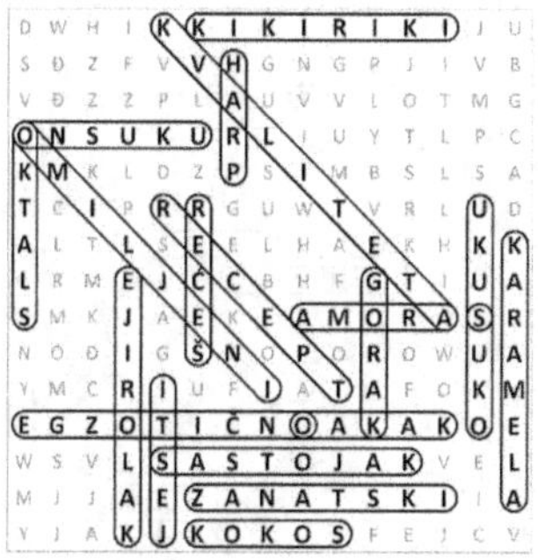

76 - Governo

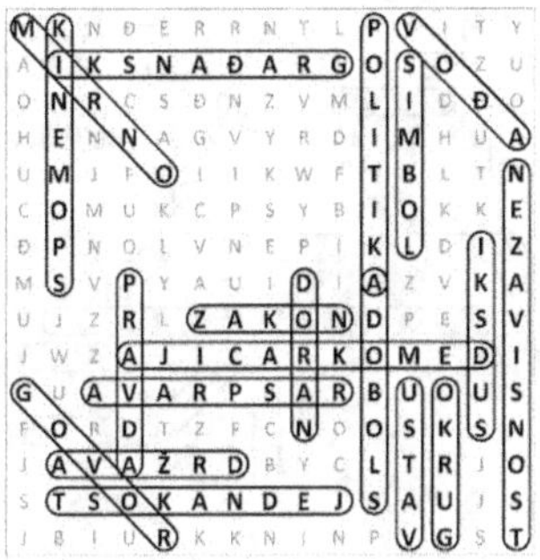

77 - Jardinagem

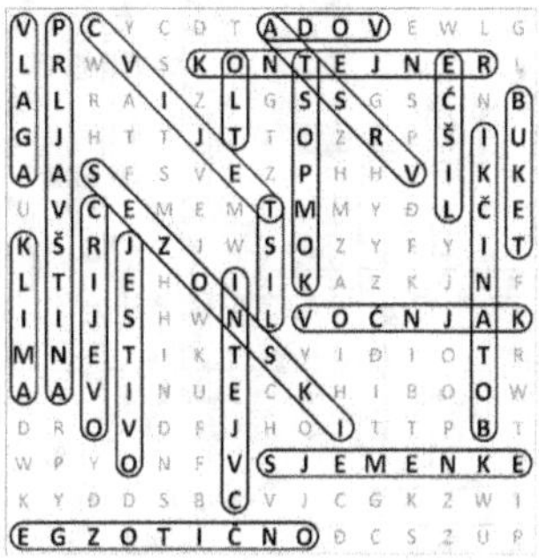

78 - Profissões #2

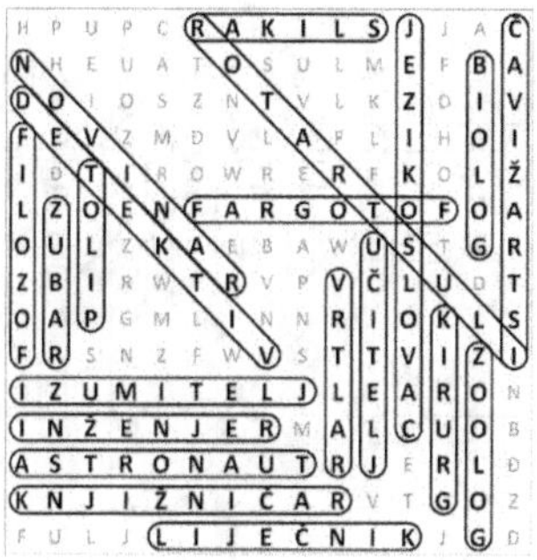

79 - Café

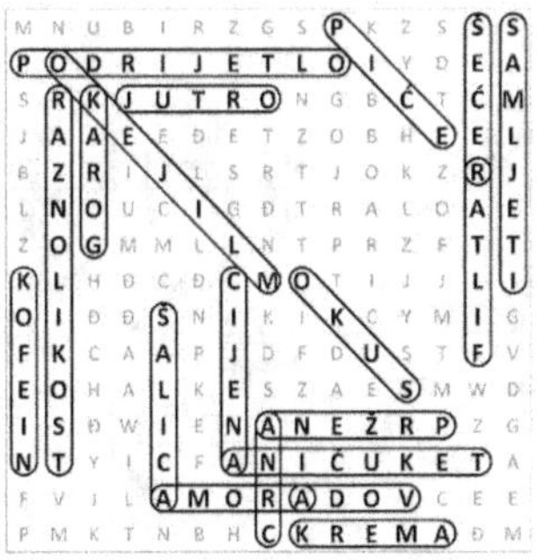

80 - Negócios

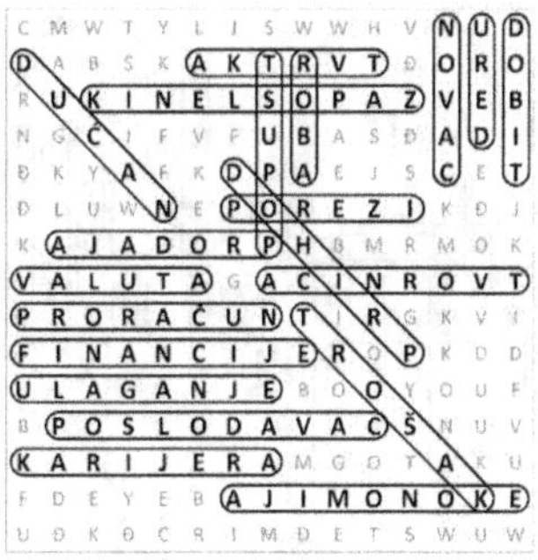

81 - Fazenda #2

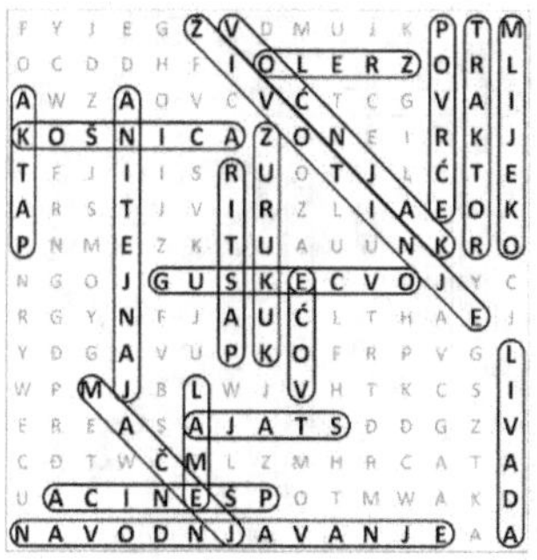

82 - Jardim

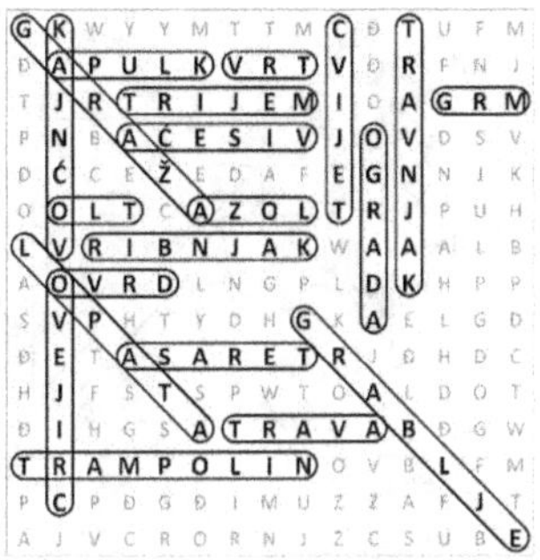

83 - Oceano

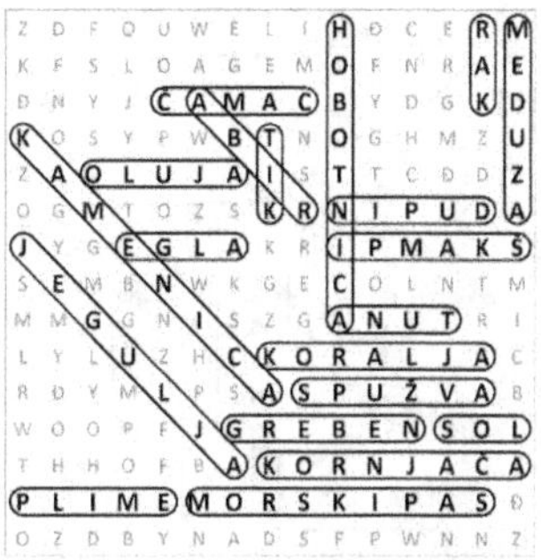

84 - Profissões #1

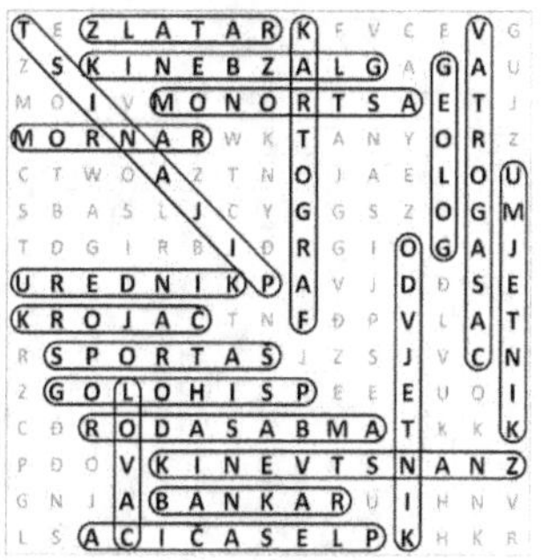

85 - Força e Gravidade

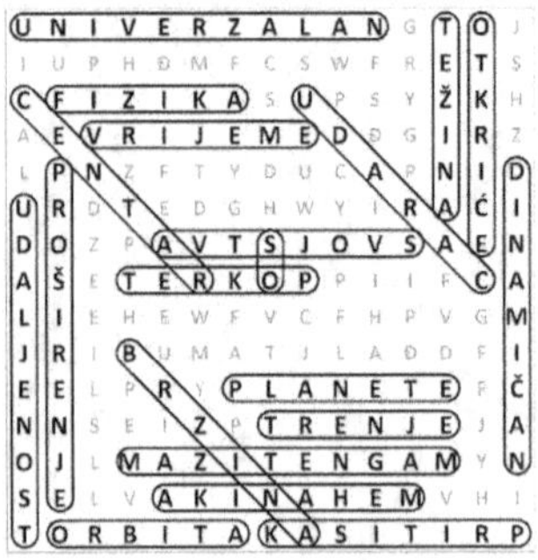

86 - Abelhas

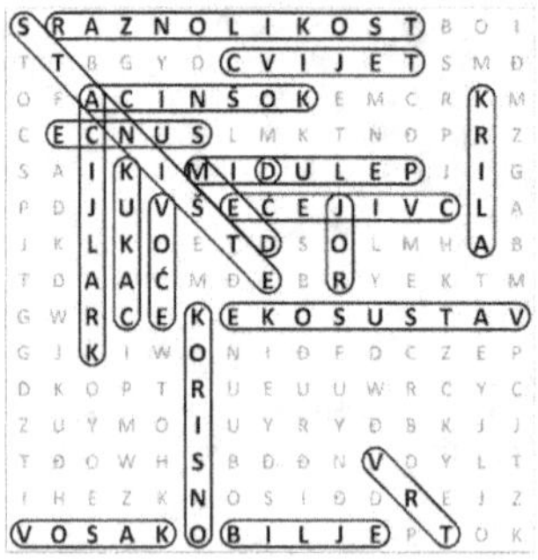

87 - Ciência

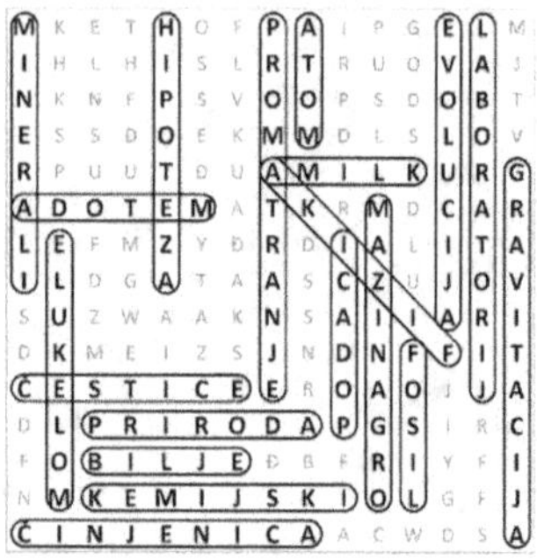

88 - Comida #1

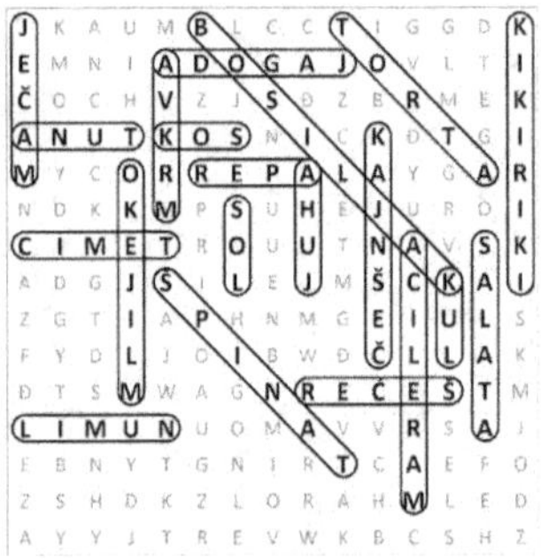

89 - Geometria

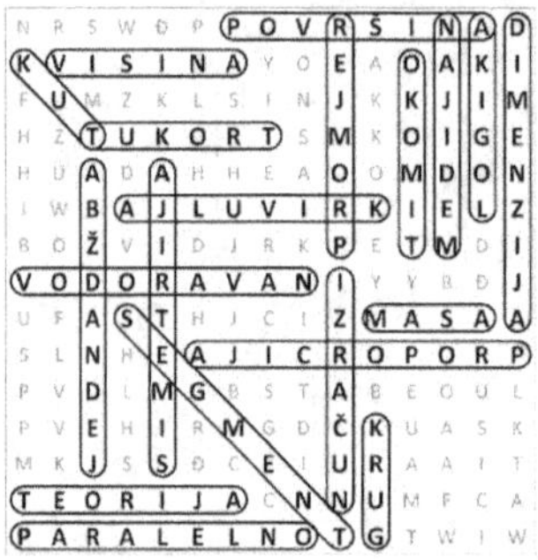

90 - Pássaros

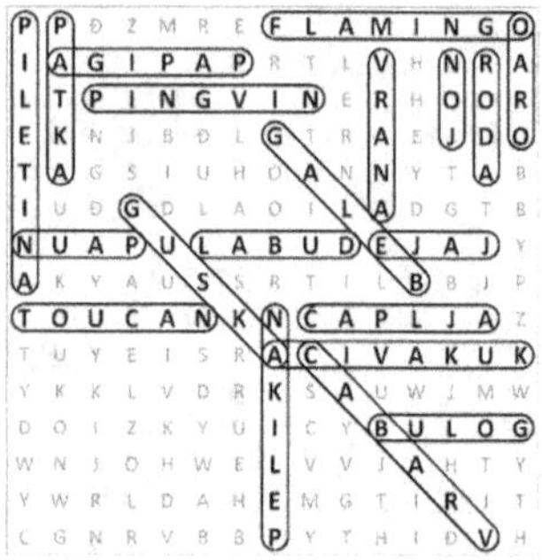

91 - Literatura

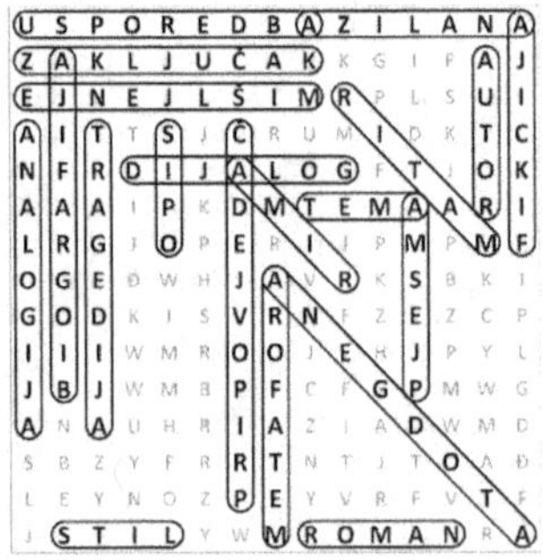

92 - Química

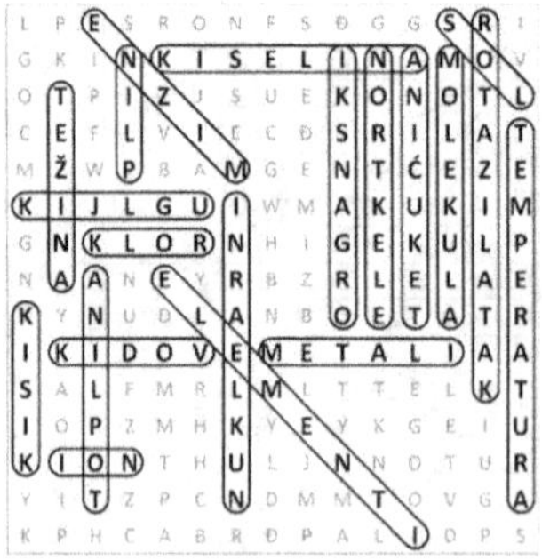

93 - Clima

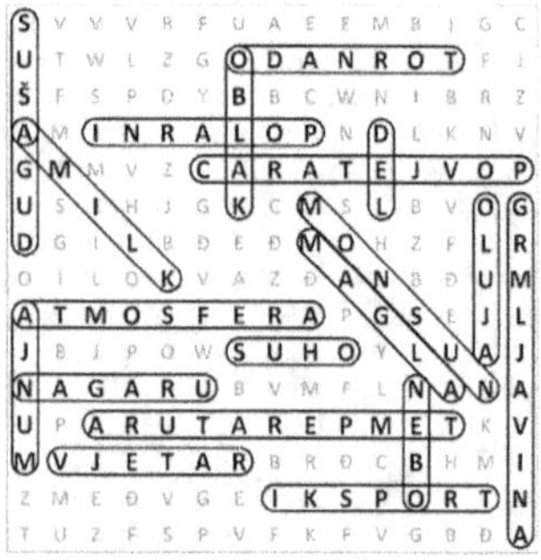

94 - Diplomacia

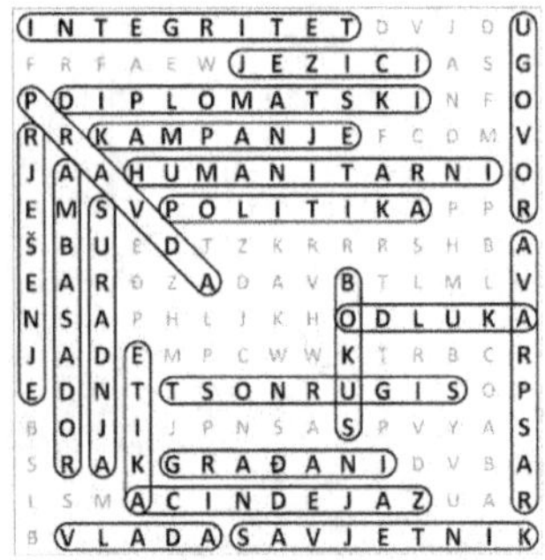

95 - Comida # 2

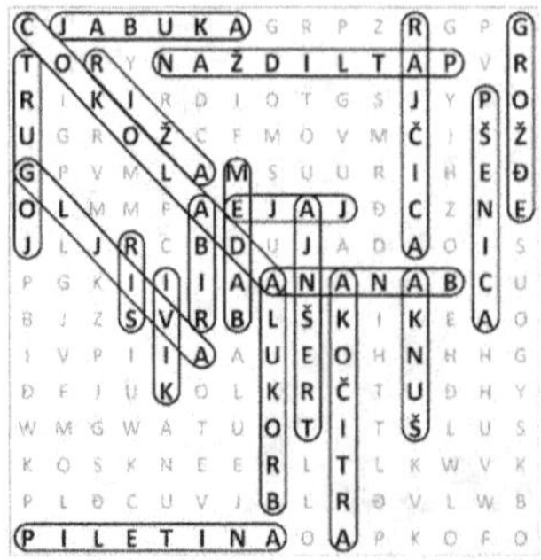

96 - Universo

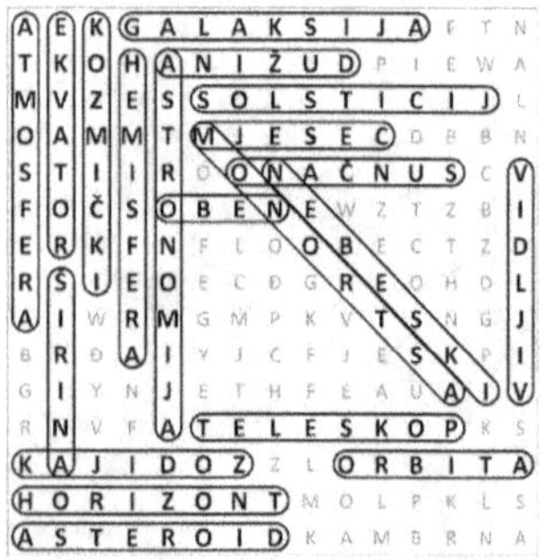

97 - Jazz

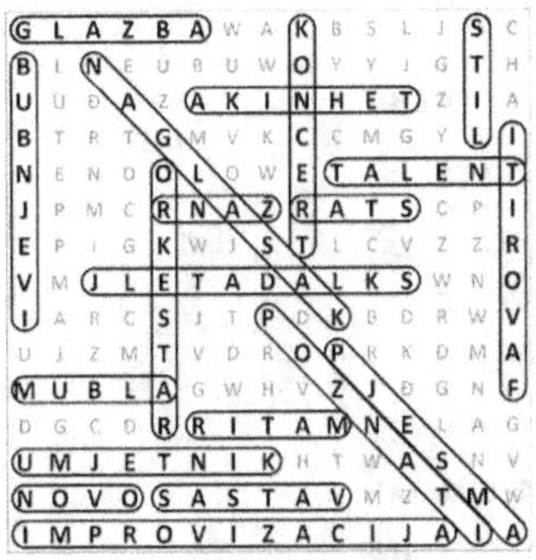

98 - Barcos

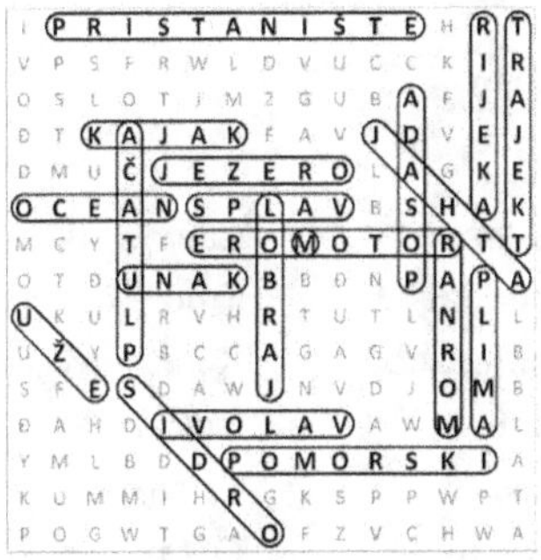

99 - Mamíferos

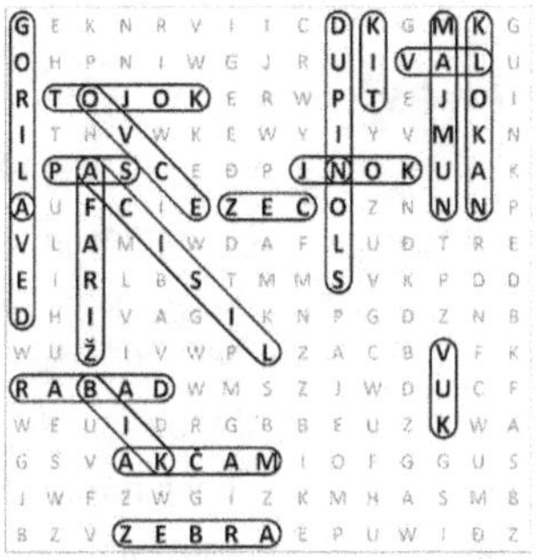

100 - Atividades e Lazer

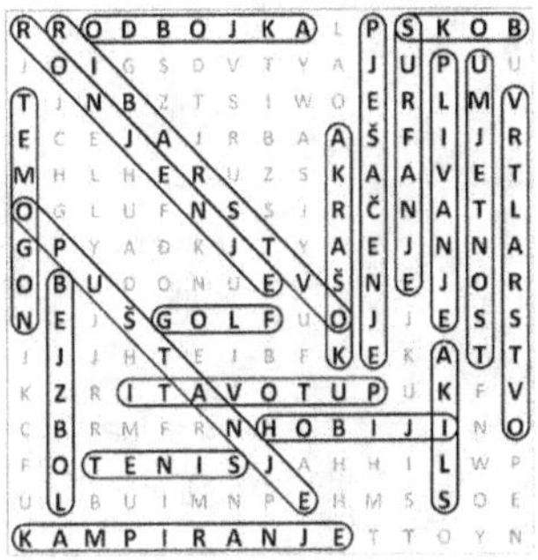

Dicionário

A Empresa
Tvrtka

Apresentação	Prezentacija
Criativo	Kreativni
Decisão	Odluka
Emprego	Zapošljavanje
Global	Globalno
Indústria	Industrija
Inovador	Inovativan
Investimento	Ulaganje
Negócio	Poslovanje
Possibilidade	Mogućnost
Produto	Proizvod
Progresso	Napredak
Qualidade	Kvaliteta
Receita	Prihod
Recursos	Resursi
Reputação	Ugled
Riscos	Rizici
Tendências	Trendovi
Unidades	Jedinice

A Mídia
Mediji

Atitudes	Stavovi
Comercial	Trgovački
Comunicação	Komunikacija
Digital	Digitalni
Edição	Izdanje
Educação	Obrazovanje
Fatos	Činjenice
Financiamento	Financiranje
Fotos	Fotografije
Imagens	Slike
Indústria	Industrija
Intelectual	Intelektualac
Jornais	Novine
Local	Lokalni
Online	Na Liniji
Opinião	Mišljenje
Público	Javnost
Rádio	Radio
Rede	Mreža
Televisão	Televizija

Abelhas
Pčele

Asas	Krila
Benéfico	Korisno
Cera	Vosak
Colmeia	Košnica
Diversidade	Raznolikost
Ecossistema	Ekosustav
Enxame	Roj
Flor	Cvijet
Flores	Cvijeće
Fruta	Voće
Fumaça	Dim
Habitat	Stanište
Inseto	Kukac
Jardim	Vrt
Mel	Med
Plantas	Bilje
Pólen	Pelud
Rainha	Kraljica
Sol	Sunce

Acampamento
Kampiranje

Animais	Životinje
Aventura	Avantura
Árvores	Drveća
Bússola	Kompas
Cabine	Kabina
Caça	Lov
Canoa	Kanu
Chapéu	Šešir
Corda	Uže
Equipamento	Oprema
Floresta	Šuma
Fogo	Vatra
Inseto	Kukac
Lago	Jezero
Lua	Mjesec
Maca	Viseća
Mapa	Karta
Montanha	Planina
Natureza	Priroda
Tenda	Šator

Adjetivos #1
Pridjevi № 1

Absoluto	Apsolutan
Aromático	Aromatski
Artístico	Umjetnički
Atraente	Atraktivan
Enorme	Ogroman
Escuro	Mrak
Exótico	Egzotično
Fino	Tanak
Generoso	Velikodušan
Grande	Veliki
Honesto	Iskren
Idêntico	Identičan
Importante	Važno
Lento	Usporiti
Misterioso	Tajanstveni
Moderno	Moderan
Perfeito	Savršen
Pesado	Teška
Sério	Ozbiljan
Valioso	Vrijedan

Adjetivos #2
Pridjevi № 2

Autêntico	Autentično
Criativo	Kreativni
Descritivo	Opisni
Dotado	Darovit
Elegante	Elegantan
Famoso	Poznati
Forte	Jak
Interessante	Zanimljiv
Natural	Prirodno
Normal	Normalan
Novo	Novo
Orgulhoso	Ponosan
Produtivo	Produktivni
Puro	Čist
Quente	Vruće
Responsável	Odgovoran
Salgado	Slan
Saudável	Zdrav
Seco	Suho
Selvagem	Divlji

Agronomia
Agronomija

Agricultura	Poljoprivreda
Ambiente	Okoliš
Água	Voda
Ciência	Znanost
Crescimento	Rast
Doenças	Bolesti
Ecologia	Ekologija
Energia	Energija
Erosão	Erozija
Fertilizante	Gnojivo
Legumes	Povrće
Orgânico	Organski
Plantas	Bilje
Poluição	Zagađenje
Produção	Proizvodnja
Rural	Seosko
Sementes	Sjemenke
Sistemas	Sustavi
Solo	Tlo
Sustentável	Održiv

Antártica
Antarktika

Ambiente	Okoliš
Água	Voda
Baía	Zaljev
Científico	Znanstven
Conservação	Konzervacija
Continente	Kontinent
Enseada	Uvala
Expedição	Ekspedicija
Geleiras	Ledenjaci
Gelo	Led
Geografia	Geografija
Ilhas	Otoci
Investigador	Istraživač
Migração	Migracija
Minerais	Minerali
Península	Poluotok
Pinguins	Pingvini
Rochoso	Stjenovita
Temperatura	Temperatura
Topografia	Topografija

Antiguidades
Antikviteti

Arte	Umjetnost
Autêntico	Autentično
Decorativo	Ukrasno
Décadas	Desetljeća
Elegante	Elegantan
Entusiasta	Entuzijasta
Escultura	Skulptura
Estilo	Stil
Galeria	Galerija
Incomum	Neobično
Investimento	Ulaganje
Leilão	Aukcija
Mobiliário	Namještaj
Moedas	Kovanice
Preço	Cijena
Qualidade	Kvaliteta
Restauração	Obnova
Século	Stoljeće
Valor	Vrijednost
Velho	Star

Aquecimento Global
Globalno Zagrijavanje

Agora	Sada
Ambiental	Ekološki
Atenção	Pažnja
Ártico	Arktik
Cientista	Znanstvenik
Clima	Klima
Consequências	Posljedice
Crise	Kriza
Dados	Podaci
Desenvolvimento	Razvoj
Energia	Energija
Futuro	Budućnost
Gás	Plin
Gerações	Generacije
Governo	Vlada
Indústria	Industrija
Internacional	Međunarodni
Legislação	Zakonodavstvo
Populações	Stanovništvo
Temperaturas	Temperature

Arqueologia
Arheologija

Análise	Analiza
Anos	Godine
Avaliação	Evaluacija
Civilização	Civilizacija
Descendente	Potomak
Desconhecido	Nepoznat
Equipe	Tim
Era	Doba
Especialista	Stručnjak
Esquecido	Zaboravio
Fóssil	Fosil
Fragmentos	Fragmenti
Investigador	Istraživač
Mistério	Misterija
Objetos	Objekti
Ossos	Kosti
Professor	Profesor
Relíquia	Relikvija
Templo	Hram
Túmulo	Grob

Astronomia
Astronomija

Asteróide	Asteroid
Astronauta	Astronaut
Astrônomo	Astronom
Céu	Nebo
Constelação	Konstelacija
Cosmos	Kozmos
Eclipse	Pomrčina
Equinócio	Ekvinocija
Foguete	Raketa
Gravidade	Gravitacija
Lua	Mjesec
Meteoro	Meteor
Nebulosa	Maglica
Observatório	Zvjezdarnica
Planeta	Planeta
Radiação	Zračenje
Solar	Sunčano
Supernova	Supernova
Terra	Zemlja
Universo	Svemir

Atividades e Lazer
Zabava i Slobodno Vrijeme

Acampamento	Kampiranje
Arte	Umjetnost
Basquete	Košarka
Beisebol	Bejzbol
Boxe	Boks
Caminhada	Pješačenje
Futebol	Nogomet
Golfe	Golf
Hobbies	Hobiji
Jardinagem	Vrtlarstvo
Mergulho	Ronjenje
Natação	Plivanje
Pesca	Ribarstvo
Pintura	Slika
Relaxante	Opuštanje
Surfe	Surfanje
Tênis	Tenis
Viagem	Putovati
Voleibol	Odbojka

Aventura
Avantura

Alegria	Radost
Amigos	Prijatelji
Atividade	Aktivnost
Beleza	Ljepota
Bravura	Hrabrost
Chance	Prilika
Desafios	Izazovi
Destino	Odredište
Dificuldade	Teškoća
Entusiasmo	Entuzijazam
Excursão	Izlet
Incomum	Neobično
Itinerário	Itinerar
Natureza	Priroda
Navegação	Navigacija
Novo	Novo
Perigoso	Opasno
Preparação	Priprema
Segurança	Sigurnost
Surpreendente	Iznenađujući

Aviões
Zrakoplovi

Altura	Visina
Ar	Zrak
Aterrissagem	Slijetanje
Atmosfera	Atmosfera
Aventura	Avantura
Balão	Balon
Céu	Nebo
Combustível	Gorivo
Construção	Izgradnja
Descida	Silazak
Direção	Smjer
Hidrogênio	Vodik
História	Povijest
Inflar	Napuhati
Motor	Motor
Passageiro	Putnik
Piloto	Pilot
Tempo	Vrijeme
Tripulação	Posada
Turbulência	Turbulencija

Álgebra
Algebra

Diagrama	Dijagram
Divisão	Podjela
Equação	Jednadžba
Expoente	Eksponent
Falso	Lažno
Fator	Faktor
Fórmula	Formula
Fração	Frakcija
Infinito	Beskonačno
Linear	Linearni
Matriz	Matrica
Número	Broj
Parêntese	Zagrada
Problema	Problem
Quantidade	Količina
Solução	Rješenje
Soma	Suma
Subtração	Oduzimanje
Variável	Varijabla
Zero	Nula

Balé
Balet

Aplauso	Pljesak
Artístico	Umjetnički
Bailarina	Balerina
Compositor	Skladatelj
Coreografia	Koreografija
Dançarinos	Plesači
Ensaio	Proba
Estilo	Stil
Expressivo	Izražajan
Gesto	Gesta
Gracioso	Graciozan
Habilidade	Vještina
Intensidade	Intenzitet
Música	Glazba
Orquestra	Orkestar
Prática	Praksa
Público	Publika
Ritmo	Ritam
Solo	Solo
Técnica	Tehnika

Barcos
Brodovi

Âncora	Sidro
Balsa	Trajekt
Bóia	Plutača
Caiaque	Kajak
Canoa	Kanu
Corda	Uže
Doca	Pristanište
Iate	Jahta
Jangada	Splav
Lago	Jezero
Mar	More
Maré	Plima
Marinheiro	Mornar
Mastro	Jarbol
Motor	Motor
Náutico	Pomorski
Oceano	Ocean
Ondas	Valovi
Rio	Rijeka
Tripulação	Posada

Beleza
Ljepota

Batom	Ruž
Cachos	Kovrče
Charme	Šarm
Cor	Boja
Cosméticos	Kozmetika
Elegante	Elegantan
Elegância	Elegancija
Espelho	Ogledalo
Estilista	Stilist
Fotogênico	Fotogeničan
Fragrância	Miris
Graça	Milost
Maquiagem	Šminka
Óleos	Ulja
Pele	Koža
Produtos	Proizvodi
Rímel	Maskara
Serviços	Usluge
Tesoura	Škare
Xampu	Šampon

Biologia
Biologija

Anatomia	Anatomija
Bactérias	Bakterije
Célula	Ćelija
Colagénio	Kolagena
Cromossoma	Kromosom
Embrião	Embrija
Enzima	Enzim
Evolução	Evolucija
Fotossíntese	Fotosinteza
Hormona	Hormon
Mamífero	Sisavac
Mutação	Mutacija
Natural	Prirodno
Nervo	Živac
Neurônio	Neuron
Osmose	Osmoza
Proteína	Bjelančevina
Réptil	Gmaz
Simbiose	Simbioza
Sinapse	Sinapsa

Café
Kava

Açúcar	Šećer
Amargo	Gorak
Aroma	Aroma
Assado	Pržena
Água	Voda
Bebida	Piće
Cafeína	Kofein
Copa	Šalica
Creme	Krema
Filtro	Filtar
Leite	Mlijeko
Líquido	Tekućina
Manhã	Jutro
Moer	Samljeti
Origem	Podrijetlo
Preço	Cijena
Preto	Crna
Sabor	Okus
Variedade	Raznolikost

Caminhada
Planinarenje

Acampamento	Kampiranje
Animais	Životinje
Água	Voda
Botas	Čizme
Cansado	Umorni
Clima	Klima
Guias	Vodiči
Mapa	Karta
Montanha	Planina
Natureza	Priroda
Orientação	Orijentacija
Parques	Parkovi
Pedras	Kamenje
Penhasco	Litica
Perigos	Opasnosti
Pesado	Teška
Preparação	Priprema
Selvagem	Divlji
Sol	Sunce
Tempo	Vrijeme

Casa
Kuća

Biblioteca	Knjižnica
Cerca	Ograda
Chaves	Tipke
Chuveiro	Tuš
Cortinas	Zavjese
Cozinha	Kuhinja
Espelho	Ogledalo
Garagem	Garaža
Janela	Prozor
Jardim	Vrt
Lareira	Kamin
Mobiliário	Namještaj
Parede	Zid
Porta	Vrata
Quarto	Soba
Sótão	Potkrovlje
Tapete	Tepih
Teto	Strop
Torneira	Slavina
Vassoura	Metla

Chocolate
Čokolada

Açúcar	Šećer
Amargo	Gorak
Amendoins	Kikiriki
Aroma	Aroma
Artesanal	Zanatski
Cacau	Kakao
Calorias	Kalorije
Caramelo	Karamela
Coco	Kokos
Comer	Jesti
Delicioso	Ukusno
Doce	Slatko
Exótico	Egzotično
Favorito	Omiljeni
Gosto	Ukus
Ingrediente	Sastojak
Pó	Prah
Qualidade	Kvaliteta
Receita	Recept
Sabor	Okus

Churrascos
Roštilji

Almoço	Ručak
Convite	Poziv
Crianças	Djeca
Facas	Noževi
Família	Obitelj
Fome	Glad
Frango	Piletina
Fruta	Voće
Grelha	Roštilj
Jantar	Večera
Jogos	Igre
Legumes	Povrće
Molho	Umak
Música	Glazba
Pimenta	Papar
Quente	Vruće
Sal	Sol
Saladas	Salate
Tomates	Rajčice
Verão	Ljeto

Cidade
Grad

Aeroporto	Zračna Luka
Banco	Banka
Biblioteca	Knjižnica
Cinema	Kino
Escola	Škola
Estádio	Stadion
Farmácia	Ljekarna
Florista	Cvjećar
Galeria	Galerija
Hotel	Hotel
Jardim Zoológico	Zoološki Vrt
Livraria	Knjižara
Mercado	Tržište
Museu	Muzej
Padaria	Pekara
Restaurante	Restoran
Salão	Salon
Supermercado	Supermarket
Teatro	Kazalište
Universidade	Sveučilište

Ciência
Znanost

Átomo	Atom
Cientista	Znanstvenik
Clima	Klima
Dados	Podaci
Evolução	Evolucija
Fato	Činjenica
Física	Fizika
Fóssil	Fosil
Gravidade	Gravitacija
Hipótese	Hipoteza
Laboratório	Laboratorij
Método	Metoda
Minerais	Minerali
Moléculas	Molekule
Natureza	Priroda
Observação	Promatranje
Organismo	Organizam
Partículas	Čestice
Plantas	Bilje
Químico	Kemijski

Clima
Vrijeme

Arco-Íris	Duga
Atmosfera	Atmosfera
Brisa	Povjetarac
Céu	Nebo
Clima	Klima
Furacão	Uragan
Gelo	Led
Monção	Monsun
Nevoeiro	Magla
Nuvem	Oblak
Polar	Polarni
Relâmpago	Munja
Seca	Suša
Seco	Suho
Temperatura	Temperatura
Tempestade	Oluja
Tornado	Tornado
Tropical	Tropski
Trovão	Grmljavina
Vento	Vjetar

Comida # 2
Hrana # 2

Alcachofra	Artičoka
Amêndoa	Badem
Arroz	Riža
Banana	Banana
Beringela	Patlidžan
Brócolis	Brokula
Cereja	Trešnja
Chocolate	Čokolada
Cogumelo	Gljiva
Frango	Piletina
Iogurte	Jogurt
Kiwi	Kivi
Maçã	Jabuka
Ovo	Jaje
Peixe	Riba
Presunto	Šunka
Queijo	Sir
Tomate	Rajčica
Trigo	Pšenica
Uva	Grožđe

Comida #1
Hrana # 1

Açúcar	Šećer
Alho	Češnjak
Amendoim	Kikiriki
Atum	Tuna
Bolo	Torta
Canela	Cimet
Cebola	Luk
Cenoura	Mrkva
Cevada	Ječam
Damasco	Marelica
Espinafre	Špinat
Leite	Mlijeko
Limão	Limun
Manjericão	Bosiljak
Morango	Jagoda
Nabo	Repa
Sal	Sol
Salada	Salata
Sopa	Juha
Suco	Sok

Corpo Humano
Ljudsko Tijelo

Boca	Usta
Cabeça	Glava
Cérebro	Mozak
Coração	Srce
Cotovelo	Lakat
Dedo	Prst
Joelho	Koljeno
Mandíbula	Čeljust
Mão	Ruka
Nariz	Nos
Olho	Oko
Ombro	Rame
Orelha	Uho
Pele	Koža
Perna	Noga
Pescoço	Vrat
Queixo	Brada
Sangue	Krv
Testa	Čelo
Tornozelo	Gležanj

Criatividade
Kreativnost

Artístico	Umjetnički
Autenticidade	Autentičnost
Clareza	Jasnoća
Dramático	Dramatičan
Emoções	Emocije
Espontânea	Spontano
Expressão	Izraz
Fluidez	Fluidnost
Habilidade	Vještina
Imagem	Slika
Imaginação	Mašta
Impressão	Dojam
Inspiração	Inspiracija
Intensidade	Intenzitet
Intuição	Intuicija
Inventivo	Inventivni
Sensação	Osjećaj
Sentimentos	Osjećaje
Visões	Vizije
Vitalidade	Vitalnost

Dança
Ples

Academia	Akademija
Alegre	Radostan
Arte	Umjetnost
Clássico	Klasični
Coreografia	Koreografija
Corpo	Tijelo
Cultura	Kultura
Cultural	Kulturni
Emoção	Emocija
Ensaio	Proba
Expressivo	Izražajan
Graça	Milost
Movimento	Pokret
Música	Glazba
Parceiro	Partner
Postura	Držanje
Ritmo	Ritam
Saltar	Skok
Tradicional	Tradicionalan
Visual	Vidni

Dias e Meses
Dani i Mjeseci

Abril	Travanj
Agosto	Kolovoz
Ano	Godina
Calendário	Kalendar
Dezembro	Prosinac
Domingo	Nedjelja
Fevereiro	Veljača
Janeiro	Siječanj
Julho	Srpanj
Junho	Lipanj
Mês	Mjesec
Novembro	Studeni
Outubro	Listopad
Quinta-Feira	Četvrtak
Sábado	Subota
Segunda-Feira	Ponedjeljak
Semana	Tjedan
Setembro	Rujan
Sexta-Feira	Petak
Terça	Utorak

Diplomacia
Diplomacija

Campanhas	Kampanje
Cidadãos	Građani
Comunidade	Zajednica
Conflito	Sukob
Consultor	Savjetnik
Cooperação	Suradnja
Diplomático	Diplomatski
Discussão	Rasprava
Embaixador	Ambasador
Ética	Etika
Governo	Vlada
Humanitário	Humanitarni
Integridade	Integritet
Justiça	Pravda
Línguas	Jezici
Política	Politika
Resolução	Odluka
Segurança	Sigurnost
Solução	Rješenje
Tratado	Ugovor

Dirigindo
Vožnja

Acidente	Nesreća
Carro	Automobil
Combustível	Gorivo
Cuidado	Oprez
Estrada	Cesta
Freios	Kočnice
Garagem	Garaža
Gás	Plin
Licença	Licenca
Mapa	Karta
Motocicleta	Motocikl
Motor	Motor
Pedestre	Pješak
Perigo	Opasnost
Polícia	Policija
Rua	Ulica
Segurança	Sigurnost
Transporte	Prijevoz
Tráfego	Promet
Túnel	Tunel

Disciplinas Científicas
Znanstvene Discipline

Anatomia	Anatomija
Arqueologia	Arheologija
Astronomia	Astronomija
Biologia	Biologija
Bioquímica	Biokemija
Botânica	Botanika
Cinesiologia	Kineziologija
Ecologia	Ekologija
Fisiologia	Fiziologija
Geologia	Geologija
Imunologia	Imunologija
Linguística	Lingvistika
Meteorologia	Meteorologija
Mineralogia	Mineralogija
Neurologia	Neurologija
Psicologia	Psihologija
Química	Kemija
Sociologia	Sociologija
Termodinâmica	Termodinamika
Zoologia	Zoologija

Doença
Bolesti

Agudo	Akutan
Alergias	Alergije
Bacteriano	Bakterijski
Contagioso	Zarazan
Coração	Srce
Corpo	Tijelo
Crônica	Kroničan
Fraco	Slab
Genético	Genetski
Hereditário	Nasljedno
Imunidade	Imunitet
Inflamação	Upala
Neuropatia	Neuropatija
Ossos	Kosti
Patógenos	Patogena
Pulmonar	Plućni
Respiratório	Dišni
Saúde	Zdravlje
Síndrome	Sindrom
Terapia	Terapija

Ecologia
Ekologija

Clima	Klima
Comunidades	Zajednice
Diversidade	Raznolikost
Espécies	Vrsta
Fauna	Fauna
Flora	Flora
Global	Globalno
Habitat	Stanište
Marinho	Pomorski
Montanhas	Planine
Natural	Prirodno
Natureza	Priroda
Pântano	Močvara
Plantas	Bilje
Recursos	Resursi
Seca	Suša
Sobrevivência	Opstanak
Sustentável	Održiv
Vegetação	Vegetacija
Voluntários	Volonteri

Edifícios
Građevine

Apartamento	Stan
Cabine	Kabina
Castelo	Dvorac
Celeiro	Staja
Cinema	Kino
Escola	Škola
Estádio	Stadion
Fazenda	Farma
Fábrica	Tvornica
Garagem	Garaža
Hospital	Bolnica
Hotel	Hotel
Laboratório	Laboratorij
Museu	Muzej
Observatório	Zvjezdarnica
Supermercado	Supermarket
Teatro	Kazalište
Tenda	Šator
Torre	Toranj
Universidade	Sveučilište

Energia
Energija

Ambiente	Okoliš
Bateria	Baterija
Calor	Toplina
Carbono	Ugljik
Combustível	Gorivo
Diesel	Dizel
Elétrico	Električni
Elétron	Elektron
Entropia	Entropija
Fóton	Foton
Gasolina	Benzin
Hidrogênio	Vodik
Indústria	Industrija
Motor	Motor
Nuclear	Nuklearni
Poluição	Zagađenje
Renovável	Obnovljiv
Sol	Sunce
Turbina	Turbina
Vento	Vjetar

Engenharia
Inženjerska Umjetnost

Atrito	Trenje
Ângulo	Kut
Cálculo	Izračun
Construção	Izgradnja
Diagrama	Dijagram
Diâmetro	Promjer
Diesel	Dizel
Dimensões	Dimenzije
Distribuição	Distribucija
Eixo	Os
Energia	Energija
Estabilidade	Stabilnost
Estrutura	Struktura
Força	Snaga
Líquido	Tekućina
Máquina	Stroj
Medição	Mjerenje
Motor	Motor
Profundidade	Dubina
Propulsão	Pogon

Especiarias
Začini

Açafrão	Šafran
Alcaçuz	Slatki
Alho	Češnjak
Amargo	Gorak
Anis	Anis
Azedo	Kiselo
Baunilha	Vanilija
Canela	Cimet
Cardamomo	Kardamom
Caril	Curry
Cebola	Luk
Coentro	Korijander
Cominho	Kumin
Doce	Slatko
Funcho	Komorač
Gengibre	Đumbir
Páprica	Paprika
Pimenta	Papar
Sabor	Okus
Sal	Sol

Esporte
Sport

Alongamento	Istezanje
Atleta	Sportaš
Capacidade	Sposobnost
Ciclismo	Biciklizam
Corpo	Tijelo
Dançando	Ples
Dieta	Dijeta
Esportes	Sportski
Força	Snaga
Jogging	Jogging
Maximizar	Maksimizirati
Metabólico	Metabolički
Músculos	Mišići
Nutrição	Ishrana
Objetivo	Cilj
Ossos	Kosti
Programa	Program
Resistência	Izdržljivost
Saúde	Zdravlje
Treinador	Trener

Família
Obitelj

Antepassado	Predak
Avó	Baka
Criança	Dijete
Crianças	Djeca
Esposa	Supruga
Filha	Kći
Infância	Djetinjstvo
Irmã	Sestra
Irmão	Brat
Marido	Muž
Materno	Majčinski
Mãe	Majka
Neto	Unuk
Pai	Otac
Paterno	Očinski
Primo	Rođak
Sobrinha	Nećakinja
Sobrinho	Nećak
Tia	Tetka
Tio	Ujak

Fazenda #1
Farma Broj 1

Abelha	Pčela
Agricultura	Poljoprivreda
Arroz	Riža
Água	Voda
Bezerro	Tele
Burro	Magarac
Cabra	Koza
Campo	Polje
Cavalo	Konj
Cão	Pas
Cerca	Ograda
Corvo	Vrana
Feno	Sijeno
Fertilizante	Gnojivo
Frango	Piletina
Gato	Mačka
Mel	Med
Porco	Svinja
Rebanho	Stado
Vaca	Krava

Fazenda #2
Farma № 2

Animais	Životinje
Celeiro	Staja
Cevada	Ječam
Colmeia	Košnica
Cordeiro	Janjetina
Fruta	Voće
Ganso	Guske
Irrigação	Navodnjavanje
Leite	Mlijeko
Lhama	Lame
Maduro	Zrelo
Milho	Kukuruz
Ovelha	Ovce
Pastor	Pastir
Pato	Patka
Pomar	Voćnjak
Prado	Livada
Trator	Traktor
Trigo	Pšenica
Vegetal	Povrće

Férias #2
Odmor № 2

Acampamento	Kampiranje
Aeroporto	Zračna Luka
Destino	Odredište
Estrangeiro	Stranac
Feriado	Odmor
Fotos	Fotografije
Hotel	Hotel
Ilha	Otok
Mapa	Karta
Mar	More
Montanhas	Planine
Passaporte	Putovnica
Praia	Plaža
Reservas	Rezervacije
Restaurante	Restoran
Táxi	Taksi
Tenda	Šator
Transporte	Prijevoz
Viagem	Putovanje
Visto	Viza

Ficção Científica
Znanstvena Fantastika

Atómico	Atomski
Cinema	Kino
Distopia	Distopija
Explosão	Eksplozija
Extremo	Krajnost
Fantástico	Fantastičan
Fogo	Vatra
Futurista	Futuristički
Galáxia	Galaksija
Ilusão	Iluzija
Imaginário	Zamišljen
Livros	Knjige
Misterioso	Tajanstveni
Mundo	Svijet
Oráculo	Proročište
Planeta	Planeta
Realista	Realno
Robôs	Roboti
Tecnologia	Tehnologija
Utopia	Utopija

Filantropia
Filantropija

Comunidade	Zajednica
Contatos	Kontakti
Crianças	Djeca
Desafios	Izazovi
Finança	Financije
Fundos	Fondovi
Generosidade	Velikodušnost
Global	Globalno
Grupos	Grupe
História	Povijest
Honestidade	Iskrenost
Humanidade	Čovječanstvo
Juventude	Mladost
Missão	Misija
Necessidade	Potreba
Objetivos	Ciljevi
Pessoas	Narod
Programas	Programi
Público	Javnost

Física
Fizika

Aceleração	Ubrzanje
Átomo	Atom
Caos	Kaos
Densidade	Gustoća
Elétron	Elektron
Fórmula	Formula
Frequência	Frekvencija
Gás	Plin
Gravidade	Gravitacija
Magnetismo	Magnetizam
Massa	Masa
Mecânica	Mehanika
Molécula	Molekula
Motor	Motor
Nuclear	Nuklearni
Partícula	Čestica
Químico	Kemijski
Relatividade	Relativnost
Universal	Univerzalan
Velocidade	Brzina

Flores
Cvijeće

Buquê	Buket
Dente-De-Leão	Maslačak
Gardênia	Gardenija
Girassol	Suncokret
Hibisco	Hibiskus
Jasmim	Jasmin
Lavanda	Lavanda
Lilás	Lila
Lírio	Ljiljan
Magnólia	Magnolija
Margarida	Tratinčica
Narciso	Narcis
Orquídea	Orhideja
Papoula	Mak
Peônia	Božur
Pétala	Latica
Plumeria	Plumerija
Rosa	Ruža
Trevo	Djetelina
Tulipa	Tulipan

Floresta Tropical
Prašuma

Anfíbios	Vodozemci
Botânico	Botanički
Clima	Klima
Comunidade	Zajednica
Diversidade	Raznolikost
Espécies	Vrsta
Indígena	Autohtono
Insetos	Kukci
Mamíferos	Sisavci
Musgo	Mahovina
Natureza	Priroda
Nuvens	Oblaci
Pássaros	Ptice
Preservação	Očuvanje
Refúgio	Utočište
Respeito	Poštovanje
Restauração	Obnova
Selva	Džungla
Sobrevivência	Opstanak
Valioso	Vrijedan

Força e Gravidade
Snaga i Gravitacija

Atrito	Trenje
Centro	Centar
Descoberta	Otkriće
Dinâmico	Dinamičan
Distância	Udaljenost
Eixo	Os
Expansão	Proširenje
Física	Fizika
Impacto	Udarac
Magnetismo	Magnetizam
Mecânica	Mehanika
Movimento	Pokret
Órbita	Orbita
Peso	Težina
Planetas	Planete
Pressão	Pritisak
Propriedades	Svojstva
Rapidez	Brzina
Tempo	Vrijeme
Universal	Univerzalan

Formas
Obrasci

Arco	Luk
Canto	Kut
Cilindro	Cilindar
Círculo	Krug
Cone	Konus
Cubo	Kocka
Curva	Krivulja
Elipse	Elipsa
Esfera	Sfera
Hipérbole	Hiperbola
Lado	Strana
Linha	Crta
Oval	Ovalan
Pirâmide	Piramida
Polígono	Poligon
Prisma	Prizma
Quadrado	Kvadrat
Retângulo	Pravokutnik
Triângulo	Trokut

Frutas
Voće

Abacate	Avokado
Abacaxi	Ananas
Amora	Kupina
Baga	Bobica
Banana	Banana
Cereja	Trešnja
Coco	Kokos
Damasco	Marelica
Figo	Smokva
Framboesa	Malina
Goiaba	Guava
Kiwi	Kivi
Laranja	Naranča
Limão	Limun
Maçã	Jabuka
Mamão	Papaja
Manga	Mango
Pera	Kruška
Pêssego	Breskva
Uva	Grožđe

Geografia
Geografija

Altitude	Visina
Atlas	Atlas
Cidade	Grad
Continente	Kontinent
Hemisfério	Hemisfera
Ilha	Otok
Latitude	Širina
Mapa	Karta
Mar	More
Meridiano	Meridijan
Montanha	Planina
Mundo	Svijet
Norte	Sjever
Oceano	Ocean
Oeste	Zapad
País	Zemlja
Região	Regija
Rio	Rijeka
Sul	Jug
Território	Područje

Geologia
Geologija

Ácido	Kiselina
Camada	Sloj
Caverna	Kaverna
Cálcio	Kalcij
Continente	Kontinent
Coral	Koralja
Cristais	Kristali
Erosão	Erozija
Estalactite	Stalaktit
Estalagmites	Stalagmiti
Fóssil	Fosil
Lava	Lava
Minerais	Minerali
Pedra	Kamen
Platô	Plato
Quartzo	Kvarc
Sal	Sol
Terremoto	Potres
Vulcão	Vulkan
Zona	Zona

Geometria
Geometrija

Altura	Visina
Ângulo	Kut
Cálculo	Izračun
Círculo	Krug
Curva	Krivulja
Diâmetro	Promjer
Dimensão	Dimenzija
Equação	Jednadžba
Horizontal	Vodoravan
Lógica	Logika
Massa	Masa
Mediana	Medijan
Paralelo	Paralelno
Proporção	Proporcija
Segmento	Segment
Simetria	Simetrija
Superfície	Površina
Teoria	Teorija
Triângulo	Trokut
Vertical	Okomit

Governo
Vlada

Cidadania	Državljanstvo
Civil	Građanski
Constituição	Ustav
Democracia	Demokracija
Discurso	Govor
Discussão	Rasprava
Distrito	Okrug
Estado	Država
Igualdade	Jednakost
Independência	Nezavisnost
Judicial	Sudski
Justiça	Pravda
Lei	Zakon
Liberdade	Sloboda
Líder	Vođa
Monumento	Spomenik
Nação	Narod
Pacífico	Mirno
Política	Politika
Símbolo	Simbol

Herbalismo

Herbalizam

Açafrão	Šafran
Alecrim	Ružmarin
Alho	Češnjak
Aromático	Aromatski
Benéfico	Korisno
Coentro	Korijander
Estragão	Dragulj
Flor	Cvijet
Funcho	Komorač
Ingrediente	Sastojak
Jardim	Vrt
Lavanda	Lavanda
Manjericão	Bosiljak
Manjerona	Mažuran
Planta	Biljka
Qualidade	Kvaliteta
Sabor	Okus
Salsa	Peršin
Tomilho	Timijan
Verde	Zelen

Imigração

Imigracija

Administração	Uprava
Adultos	Odrasli
Ajuda	Pomoć
Aprovação	Odobrenje
Comunicação	Komunikacija
Crianças	Djeca
Documentos	Dokumenti
Estresse	Stres
Financiamento	Financiranje
Fronteiras	Granice
Habitação	Kućište
Lei	Zakon
Língua	Jezik
Negociação	Pregovaranje
Oficial	Časnik
Prazo	Rok
Processo	Proces
Proteção	Zaštita
Situação	Situacija
Solução	Rješenje

Instrumentos Musicais

Glazbeni Instrumenti

Bandolim	Mandolina
Banjo	Bendžo
Clarinete	Klarinet
Fagote	Fagot
Flauta	Flauta
Gaita	Harmonika
Gongo	Gong
Harpa	Harfa
Marimba	Marimba
Oboé	Oboa
Pandeiro	Tamburaški
Percussão	Udaraljke
Piano	Klavir
Saxofone	Saksofon
Tambor	Bubanj
Trombone	Trombon
Trompete	Truba
Violão	Gitara
Violino	Violina
Violoncelo	Violončelo

Jardim

Vrt

Ancinho	Grablje
Arbusto	Grm
Árvore	Drvo
Banco	Klupa
Cerca	Ograda
Flor	Cvijet
Garagem	Garaža
Grama	Trava
Gramado	Travnjak
Jardim	Vrt
Lagoa	Ribnjak
Maca	Viseća
Mangueira	Crijevo
Pá	Lopata
Pomar	Voćnjak
Solo	Tlo
Terraço	Terasa
Trampolim	Trampolin
Varanda	Trijem
Videira	Loza

Jardinagem

Vrtlarstvo

Água	Voda
Botânico	Botanički
Buquê	Buket
Clima	Klima
Comestível	Jestivo
Composto	Kompost
Espécies	Vrsta
Exótico	Egzotično
Flor	Cvijet
Floral	Cvjetni
Folha	List
Folhagem	Lišće
Mangueira	Crijevo
Pomar	Voćnjak
Recipiente	Kontejner
Sazonal	Sezonski
Sementes	Sjemenke
Solo	Tlo
Sujeira	Prljavština
Umidade	Vlaga

Jazz

Jazz

Artista	Umjetnik
Álbum	Album
Bateria	Bubnjevi
Canção	Pjesma
Composição	Sastav
Compositor	Skladatelj
Concerto	Koncert
Estilo	Stil
Ênfase	Naglasak
Famoso	Poznati
Favoritos	Favoriti
Gênero	Žanr
Improvisação	Improvizacija
Música	Glazba
Novo	Novo
Orquestra	Orkestar
Ritmo	Ritam
Talento	Talent
Técnica	Tehnika
Velho	Star

Literatura
Književnost

Analogia	Analogija
Análise	Analiza
Anedota	Anegdota
Autor	Autor
Biografia	Biografija
Comparação	Usporedba
Conclusão	Zaključak
Descrição	Opis
Diálogo	Dijalog
Estilo	Stil
Ficção	Fikcija
Metáfora	Metafora
Narrador	Pripovjedač
Opinião	Mišljenje
Poema	Pjesma
Rima	Rima
Ritmo	Ritam
Romance	Roman
Tema	Tema
Tragédia	Tragedija

Livros
Knjige

Autor	Autor
Aventura	Avantura
Coleção	Zbirka
Contexto	Kontekst
Dualidade	Dualnost
Escrito	Napisan
Épico	Ep
História	Priča
Histórico	Povijesni
Inventivo	Inventivni
Leitor	Čitač
Literário	Literarni
Narrador	Pripovjedač
Página	Stranica
Poema	Pjesma
Poesia	Poezija
Relevante	Relevantan
Romance	Roman
Série	Serija
Trágico	Tragično

Mamíferos
Sisavci

Baleia	Kit
Camelo	Deva
Canguru	Klokan
Castor	Dabar
Cavalo	Konj
Cão	Pas
Coelho	Zec
Coiote	Kojot
Elefante	Slon
Gato	Mačka
Girafa	Žirafa
Golfinho	Dupin
Gorila	Gorila
Leão	Lav
Lobo	Vuk
Macaco	Majmun
Ovelha	Ovce
Raposa	Lisica
Touro	Bik
Zebra	Zebra

Matemática
Matematika

Aritmética	Aritmetika
Ângulos	Kutovi
Circunferência	Opseg
Decimal	Decimala
Diâmetro	Promjer
Equação	Jednadžba
Expoente	Eksponent
Fração	Frakcija
Geometria	Geometrija
Paralelo	Paralelno
Paralelogramo	Paralelogram
Perímetro	Perimetar
Perpendicular	Okomica
Polígono	Poligon
Raio	Radijus
Retângulo	Pravokutnik
Simetria	Simetrija
Soma	Suma
Triângulo	Trokut
Volume	Volumen

Medições
Mjerenja

Altura	Visina
Byte	Bajt
Centímetro	Centimetar
Comprimento	Dužina
Decimal	Decimala
Grama	Gram
Grau	Stupanj
Largura	Širina
Litro	Litra
Massa	Masa
Metro	Metar
Minuto	Minuta
Onça	Unca
Peso	Težina
Polegada	Inč
Profundidade	Dubina
Quilograma	Kilogram
Quilômetro	Kilometar
Tonelada	Tona
Volume	Volumen

Meditação
Meditacija

Aceitação	Prihvaćanje
Acordado	Budan
Atenção	Pažnja
Bondade	Ljubaznost
Clareza	Jasnoća
Compaixão	Suosjećanje
Emoções	Emocije
Ensinamentos	Učenja
Gratidão	Zahvalnost
Mental	Mentalno
Mente	Um
Movimento	Pokret
Música	Glazba
Natureza	Priroda
Observação	Promatranje
Paz	Mir
Pensamentos	Misli
Perspectiva	Perspektiva
Postura	Držanje
Silêncio	Tišina

Mitologia
Mitologija

Arquétipo	Arhetip
Ciúmes	Ljubomora
Comportamento	Ponašanje
Criação	Stvaranje
Criatura	Stvorenje
Cultura	Kultura
Desastre	Katastrofa
Força	Snaga
Guerreiro	Ratnik
Heroína	Junakinja
Herói	Junak
Imortalidade	Besmrtnost
Labirinto	Labirint
Lenda	Legenda
Mágico	Čarobni
Monstro	Čudovište
Mortal	Smrtnik
Relâmpago	Munja
Trovão	Grmljavina
Vingança	Osveta

Música
Glazba, Muzika

Álbum	Album
Balada	Balada
Cantar	Pjevati
Cantor	Pjevač
Clássico	Klasični
Coro	Zbor
Gravação	Snimanje
Harmonia	Sklad
Improvisar	Improvizirati
Instrumento	Instrument
Lírico	Lirski
Melodia	Melodija
Microfone	Mikrofon
Musical	Mjuzikl
Músico	Glazbenik
Ópera	Opera
Poético	Pjesnički
Ritmo	Ritam
Tempo	Tempo
Vocal	Vokalni

Natureza
Priroda

Abelhas	Pčele
Abrigo	Sklonište
Animais	Životinje
Ártico	Arktik
Beleza	Ljepota
Deserto	Pustinja
Dinâmico	Dinamičan
Erosão	Erozija
Floresta	Šuma
Folhagem	Lišće
Geleira	Ledenjak
Nevoeiro	Magla
Nuvens	Oblaci
Pacífico	Mirno
Rio	Rijeka
Santuário	Svetište
Selvagem	Divlji
Sereno	Spokojan
Tropical	Tropski
Vital	Bitan

Negócios
Poslovanje

Carreira	Karijera
Custo	Trošak
Desconto	Popust
Dinheiro	Novac
Economia	Ekonomija
Empregado	Zaposlenik
Empregador	Poslodavac
Empresa	Tvrtka
Escritório	Ured
Fábrica	Tvornica
Finança	Financije
Impostos	Porezi
Investimento	Ulaganje
Loja	Dućan
Lucro	Dobit
Mercadoria	Roba
Moeda	Valuta
Orçamento	Proračun
Rendimento	Prihod
Venda	Prodaja

Nutrição
Prehrana

Amargo	Gorak
Apetite	Apetit
Calorias	Kalorije
Comestível	Jestivo
Dieta	Dijeta
Digestão	Probava
Equilibrado	Uravnotežen
Fermentação	Vrenje
Ingredientes	Sastojci
Líquidos	Tekućine
Molho	Umak
Nutriente	Hranljiv
Peso	Težina
Proteínas	Proteini
Qualidade	Kvaliteta
Sabor	Okus
Saudável	Zdrav
Saúde	Zdravlje
Toxina	Toksin
Vitamina	Vitamin

Números
Brojevi

Cinco	Pet
Decimal	Decimala
Dez	Deset
Dezesseis	Šesnaest
Dezessete	Sedamnaest
Dezoito	Osamnaest
Dois	Dva
Doze	Dvanaest
Nove	Devet
Oito	Osam
Quatorze	Četrnaest
Quatro	Četiri
Quinze	Petnaest
Seis	Šest
Sete	Sedam
Treze	Trinaest
Três	Tri
Um	Jedan
Vinte	Dvadeset
Zero	Nula

Oceano

Ocean

Alga	Alge
Atum	Tuna
Baleia	Kit
Barco	Čamac
Camarão	Škampi
Caranguejo	Rak
Coral	Koralja
Enguia	Jegulja
Esponja	Spužva
Golfinho	Dupin
Marés	Plime
Medusa	Meduza
Ostra	Kamenica
Peixe	Riba
Polvo	Hobotnica
Recife	Greben
Sal	Sol
Tartaruga	Kornjača
Tempestade	Oluja
Tubarão	Morski Pas

Paisagens

Krajolici

Cascata	Vodopad
Caverna	Špilja
Colina	Brdo
Deserto	Pustinja
Geleira	Ledenjak
Golfo	Zaljev
Iceberg	Ledena
Ilha	Otok
Lago	Jezero
Mar	More
Montanha	Planina
Oásis	Oaza
Oceano	Ocean
Pântano	Močvara
Península	Poluotok
Praia	Plaža
Rio	Rijeka
Tundra	Tundra
Vale	Dolina
Vulcão	Vulkan

Países #1

Zemlje № 1

Alemanha	Njemačka
Brasil	Brazil
Camboja	Kambodža
Canadá	Kanada
Egito	Egipat
Equador	Ekvador
Espanha	Španjolska
Finlândia	Finska
Iraque	Irak
Israel	Izrael
Itália	Italija
Índia	Indija
Mali	Mali
Marrocos	Maroko
Nicarágua	Nikaragva
Noruega	Norveška
Panamá	Panama
Polônia	Poljska
Senegal	Senegal
Venezuela	Venezuela

Países #2

Zemlje № 2

Albânia	Albanija
Dinamarca	Danska
França	Francuska
Grécia	Grčka
Haiti	Haiti
Indonésia	Indonezija
Irlanda	Irska
Jamaica	Jamajka
Japão	Japan
Laos	Laos
Líbano	Libanon
México	Meksiko
Nepal	Nepal
Nigéria	Nigerija
Paquistão	Pakistan
Rússia	Rusija
Síria	Sirija
Somália	Somalija
Ucrânia	Ukrajina
Uganda	Uganda

Pássaros

Ptice

Avestruz	Noj
Águia	Orao
Cegonha	Roda
Cisne	Labud
Corvo	Vrana
Cuco	Kukavica
Flamingo	Flamingo
Frango	Piletina
Gaivota	Galeb
Ganso	Guska
Garça	Čaplja
Ovo	Jaje
Papagaio	Papiga
Pardal	Vrabac
Pato	Patka
Pavão	Paun
Pelicano	Pelikan
Pinguim	Pingvin
Pombo	Golub
Tucano	Toucan

Pesca

Ribarstvo

Água	Voda
Barbatanas	Peraje
Barco	Čamac
Brânquias	Škrge
Cesta	Košara
Cozinhar	Kuhati
Equipamento	Oprema
Exagero	Pretjerivanje
Fio	Žica
Gancho	Kuka
Isca	Mamac
Lago	Jezero
Mandíbula	Čeljust
Oceano	Ocean
Paciência	Strpljenje
Peso	Težina
Praia	Plaža
Rio	Rijeka
Temporada	Sezona

Plantas
Biljke

Arbusto	Grm
Árvore	Drvo
Baga	Bobica
Bambu	Bambus
Botânica	Botanika
Cacto	Kaktus
Feijão	Grah
Fertilizante	Gnojivo
Flor	Cvijet
Flora	Flora
Floresta	Šuma
Folha	List
Folhagem	Lišće
Grama	Trava
Hera	Bršljan
Jardim	Vrt
Musgo	Mahovina
Pétala	Latica
Raiz	Korijen
Vegetação	Vegetacija

Profissões #1
Zanimanja № 1

Advogado	Odvjetnik
Alfaiate	Krojač
Artista	Umjetnik
Astrônomo	Astronom
Atleta	Sportaš
Banqueiro	Bankar
Bombeiro	Vatrogasac
Caçador	Lovac
Cartógrafo	Kartograf
Cientista	Znanstvenik
Dançarino	Plesačica
Editor	Urednik
Embaixador	Ambasador
Geólogo	Geolog
Joalheiro	Zlatar
Marinheiro	Mornar
Músico	Glazbenik
Pianista	Pijanist
Psicólogo	Psiholog
Veterinário	Veterinar

Profissões #2
Zanimanja № 2

Astronauta	Astronaut
Bibliotecário	Knjižničar
Biólogo	Biolog
Cirurgião	Kirurg
Dentista	Zubar
Detetive	Detektiv
Engenheiro	Inženjer
Filósofo	Filozof
Fotógrafo	Fotograf
Ilustrador	Ilustrator
Inventor	Izumitelj
Investigador	Istraživač
Jardineiro	Vrtlar
Jornalista	Novinar
Linguista	Jezikoslovac
Médico	Liječnik
Piloto	Pilot
Pintor	Slikar
Professor	Učitelj
Zoólogo	Zoolog

Psicologia
Psihologija

Avaliação	Procjena
Clínico	Klinički
Cognição	Spoznaja
Comportamento	Ponašanje
Conflito	Sukob
Ego	Ego
Emoções	Emocije
Experiências	Iskustva
Inconsciente	Nesvjesno
Infância	Djetinjstvo
Influências	Utjecaji
Pensamentos	Misli
Percepção	Percepcija
Personalidade	Osobnost
Problema	Problem
Realidade	Stvarnost
Sensação	Osjećaj
Sonhos	Snovi
Terapia	Terapija

Química
Kemija

Ácido	Kiselina
Calor	Toplina
Carbono	Ugljik
Catalisador	Katalizator
Cloro	Klor
Elementos	Elementi
Elétron	Elektron
Enzima	Enzim
Gás	Plin
Hidrogênio	Vodik
Íon	Ion
Líquido	Tekućina
Metais	Metali
Molécula	Molekula
Nuclear	Nuklearni
Orgânico	Organski
Oxigénio	Kisik
Peso	Težina
Sal	Sol
Temperatura	Temperatura

Restaurante # 2
Restoran Broj 2

Almoço	Ručak
Aperitivo	Predjelo
Água	Voda
Bebida	Piće
Bolo	Torta
Cadeira	Stolica
Colher	Žlica
Delicioso	Ukusno
Especiarias	Začini
Fruta	Voće
Garçom	Konobar
Garfo	Vilica
Gelo	Led
Jantar	Večera
Legumes	Povrće
Macarrão	Rezanci
Peixe	Riba
Sal	Sol
Salada	Salata
Sopa	Juha

Restaurante #1
Restoran Broj 1

Alergia	Alergija
Café	Kava
Caixa	Blagajnik
Carne	Meso
Comer	Jesti
Cozinha	Kuhinja
Faca	Nož
Frango	Piletina
Garçonete	Konobarica
Guardanapo	Ubrus
Ingredientes	Sastojci
Menu	Jelovnik
Molho	Umak
Pão	Kruh
Picante	Akutni
Placa	Tanjur
Reserva	Rezervacija
Sobremesa	Desert
Tigela	Zdjela

Roupas
Odjeća

Avental	Pregača
Blusa	Bluza
Calça	Hlače
Camisa	Košulja
Casaco	Kaput
Chapéu	Šešir
Cinto	Pojas
Colar	Ogrlica
Jaqueta	Jakna
Jeans	Traperice
Luvas	Rukavice
Meias	Čarape
Moda	Moda
Pijama	Pidžama
Pulseira	Narukvica
Saia	Suknja
Sandálias	Sandale
Sapato	Cipela
Suéter	Džemper
Vestido	Haljina

Saúde e Bem-Estar #1
Zdravlje i Wellness # 1

Altura	Visina
Ativo	Aktivan
Bactérias	Bakterije
Clínica	Klinika
Doutor	Liječnik
Farmácia	Ljekarna
Fome	Glad
Fratura	Lom
Hábito	Navika
Hormones	Hormoni
Medicina	Lijek
Nervos	Živci
Ossos	Kosti
Pele	Koža
Postura	Držanje
Reflexo	Refleks
Relaxamento	Opuštanje
Terapia	Terapija
Tratamento	Liječenje
Vírus	Virus

Saúde e Bem-Estar #2
Zdravlje i Wellness # 2

Alergia	Alergija
Anatomia	Anatomija
Apetite	Apetit
Caloria	Kalorija
Corpo	Tijelo
Dieta	Dijeta
Digestão	Probava
Doença	Bolest
Energia	Energija
Genética	Genetika
Higiene	Higijena
Hospital	Bolnica
Humor	Raspoloženje
Infecção	Infekcija
Massagem	Masaža
Peso	Težina
Recuperação	Oporavak
Sangue	Krv
Saudável	Zdrav
Vitamina	Vitamin

Tempo
Vrijeme

Agora	Sada
Ano	Godina
Antes	Prije
Anual	Godišnji
Calendário	Kalendar
Década	Desetljeće
Dia	Dan
Futuro	Budućnost
Hoje	Danas
Manhã	Jutro
Meio-Dia	Podne
Mês	Mjesec
Minuto	Minuta
Momento	Trenutak
Noite	Noć
Ontem	Jučer
Passado	Prošlost
Relógio	Sat
Semana	Tjedan
Século	Stoljeće

Tipos de Cabelo
Vrste Kose

Branco	Bijeli
Brilhante	Sjajan
Cachos	Kovrče
Careca	Ćelav
Cinza	Siva
Curto	Kratak
Encaracolado	Kovrčava
Fino	Tanak
Grosso	Debeo
Loiro	Plavuša
Longo	Dugo
Marrom	Smeđ
Ondulado	Valovita
Prata	Srebro
Preto	Crna
Saudável	Zdrav
Seco	Suho
Suave	Mekan
Trançado	Pletena
Tranças	Pletenice

Universo
Svemir

Asteróide	Asteroid
Astronomia	Astronomija
Astrônomo	Astronom
Atmosfera	Atmosfera
Celestial	Nebeski
Céu	Nebo
Cósmico	Kozmički
Equador	Ekvator
Galáxia	Galaksija
Hemisfério	Hemisfera
Horizonte	Horizont
Latitude	Širina
Longitude	Dužina
Lua	Mjesec
Órbita	Orbita
Solar	Sunčano
Solstício	Solsticij
Telescópio	Teleskop
Visível	Vidljiv
Zodíaco	Zodijak

Vegetais
Povrće

Abóbora	Bundeva
Aipo	Celer
Alcachofra	Artičoka
Alho	Češnjak
Batata	Krumpir
Beringela	Patlidžan
Brócolis	Brokula
Cebola	Luk
Cenoura	Mrkva
Chalota	Luk Kozjak
Cogumelo	Gljiva
Ervilha	Grašak
Espinafre	Špinat
Gengibre	Đumbir
Nabo	Repa
Pepino	Krastavac
Rabanete	Rotkvica
Salada	Salata
Salsa	Peršin
Tomate	Rajčica

Veículos
Vozila

Ambulância	Hitna Pomoć
Avião	Zrakoplov
Balsa	Trajekt
Barco	Čamac
Bicicleta	Bicikl
Caminhão	Kamion
Caravana	Karavan
Carro	Automobil
Foguete	Raketa
Furgão	Kombi
Helicóptero	Helikopter
Jangada	Splav
Lambreta	Skuter
Motor	Motor
Ônibus	Autobus
Pneus	Gume
Submarino	Podmornica
Táxi	Taksi
Transporte	Čunak
Trator	Traktor

Xadrez
Šah

Aprender	Učiti
Branco	Bijeli
Campeão	Prvak
Concurso	Natjecanje
Desafios	Izazovi
Diagonal	Dijagonala
Estratégia	Strategija
Jogador	Igrač
Jogo	Igra
Oponente	Protivnik
Passivo	Pasivno
Pontos	Točke
Preto	Crna
Rainha	Kraljica
Regras	Pravila
Rei	Kralj
Sacrifício	Žrtvovati
Tempo	Vrijeme
Torneio	Turnir

Parabéns

Conseguiu!

Esperamos que tenha gostado tanto deste livro como nós gostamos de o desenhar. Esforçamo-nos por criar livros da mais alta qualidade possível.
Esta edição foi concebida para proporcionar uma aprendizagem inteligente, de qualidade e divertida!

Gostou deste livro?

Um simples pedido

Estes livros existem graças às críticas que publica.
Pode ajudar-nos, deixando agora uma revisão?

Aqui está um pequeno link para
a sua página de revisão:

BestBooksActivity.com/Avaliacoes50

DESAFIO FINAL!

Desafio n° 1

Está pronto para o seu jogo grátis? Usamo-los a toda a hora, mas não são tão fáceis de encontrar - aqui estão os Sinônimos!
Escreva 5 palavras que encontrou nos puzzles (n° 21, n° 36, n° 76) e tente encontrar 2 sinónimos para cada palavra.

Escreva 5 palavras de ***Puzzle 21***

Palavras	Sinônimo 1	Sinônimo 2

Escreva 5 palavras de ***Puzzle 36***

Palavras	Sinônimo 1	Sinônimo 2

Escreva 5 palavras de ***Puzzle 76***

Palavras	Sinônimo 1	Sinônimo 2

Desafio nº 2

Agora que já aqueceu, escreva 5 palavras que encontrou nos Puzzles (nº 9, nº 17 e nº 25) e tente encontrar 2 antônimos para cada palavra. Quantos se podem encontrar em 20 minutos?

*Escreva 5 palavras de **Puzzle 9***

Palavras	Antônimo 1	Antônimo 2

*Escreva 5 palavras de **Puzzle 17***

Palavras	Antônimo 1	Antônimo 2

*Escreva 5 palavras de **Puzzle 25***

Palavras	Antônimo 1	Antônimo 2

Desafio nº 3

Óptimo! Este desafio final 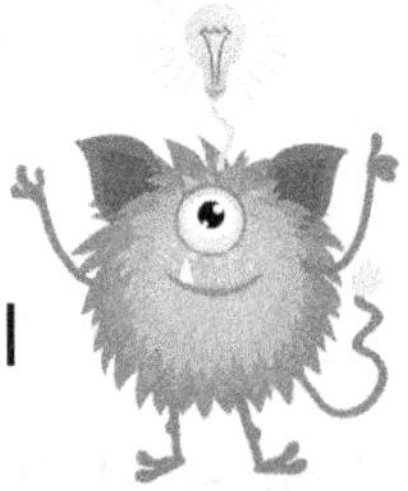 não é nada para si.

Pronto para o desafio final? Escolha 10 palavras que tenha descoberto nos diferentes puzzles e escreva-as abaixo.

1.	6.
2.	7.
3.	8.
4.	9.
5.	10.

Agora escreva um texto a pensar numa pessoa, num animal ou num lugar de seu agrado.

Pode utilizar a última página deste livro como um rascunho.

A Sua Composição:

CADERNO DE NOTAS:

ATÉ BREVE!

A equipa Inteira

www.ingramcontent.com/pod-product-compliance
Lightning Source LLC
Chambersburg PA
CBHW081702120626
46550CB00010B/2987